KB097312

인싸를
죽여라

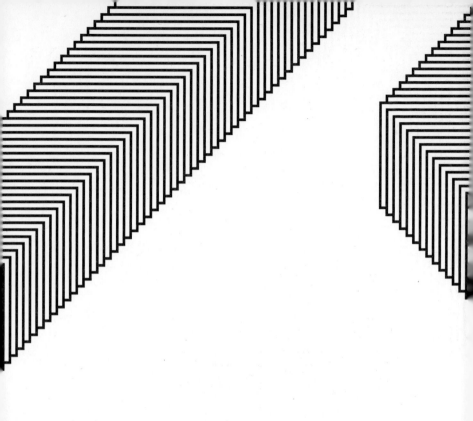

온라인 극우주의, 혐오와 조롱으로 결집하는 정치 감수성의 탄생

앤절라 네이글 지음

김내훈 옮김

Kill All Normies

인싸를 죽여라

오월의봄

차례

일러두기

1. 외국의 인명과 웹사이트명 등의 표기는 국립국어원 표기
   원칙을 바탕으로 하되 현지 발음에 가깝게 표기했다.
2. 온라인 은어와 속어적 표현의 특성상 일부 어휘는 일반
   사전에 등록되어 있지 않지만 한국 온라인문화와 은어
   사용 맥락을 고려해 그대로 살려 썼다.
3. 주는 모두 옮긴이의 주이다.
4. 독자의 이해를 돕거나 문맥을 매끄럽게 하기 위해
   옮긴이가 내용을 덧붙인 경우에는 '[ ]'로 묶어 표시했다.
5. 본문 내 언급되는 도서에서 한국어판이 있는 경우에는
   번역 출간된 제목으로 표기했다.

온라인 극우의 부상, 도대체 무슨 일이 있었던 걸까

2008년 버락 오바마가 대선 승리를 거두면서, 그의 희망찬 메시지는 수많은 인터넷 리버럴에 의해 대중적으로 널리 그리고 굉장히 열정적으로 공유되었다. 이들은 최초의 흑인 대통령에 대한 애정을 열렬히 표했으며, 대중문화의 긍정적인 계기로 느껴지는 한 순간을 실시간으로 목격한다는 데 감격했다. 이라크와 아프가니스탄에 전쟁을 일으키고 특유의 남부 스타일로 무장한 채 잊을 만하면 불거졌던 말실수와 문법 오류, 즉 '부시즘'으로 고학력자들을 민망하게 만들었던 조지 W. 부시 이후로, 당시 미국 리버럴이 갖고 있던 수치심은 마이클 무어의 《멍청한 백인들Stupid White Men》과 같은 책들을 통해 드러나고는 했다.

그와는 뚜렷하게 대조적으로, 오바마는 격식을 갖추었고 세련되었으며 박식하고 세계시민주의적이었다. 그의 대선 승리를 조명하는 미디어 스펙터클에서 오프라는 눈물을 흘렸고, 비욘세는 노래했으며, 대규모의 젊은 팬들은 환호했다. 심지어 냉정하고 야박하게만 보였던 민주당 내 좌파들마저도 잠시나마 희망과 낙관이 집단적으로 분출하고 평등주의의 몽상이 실현되는 것처럼 보인 그 순간만큼은 감개무량한 듯했다.

2016년 힐러리 클린턴은 이러한 스펙터클의 재현을 시도했다. 〈엘런 디제너러스 쇼The Ellen DeGeneres Show〉에 출연해 춤을 추고, 다시금 비욘세의 유명세를 빌려 팬들의 지지를 얻고자 했으며 '아임 위드 허I'm with her' 슬로건으로 레나 던햄Lena Dunham✦을 위시한 페미니스트 연예인들을 끌어들였다. 그러나 클린턴은 좌우 성향 가릴 것 없이 수많은 네티즌에게 비웃음거리, 조롱감이 되었다. 클린턴이 트럼프의 "개탄스러움"을 말하며 그 일부로 인터넷 시대의 신우익 운동을 근엄히 폄하했을 때, 그 폄하의 대상이 된 네티즌들은 집단적으로 밈meme✦✦과 조롱, 풍자를 쏟아내기 시작했다.

주류 매체 전반에서 진정 희망찬 날들처럼 비쳤던 시절

✦ 미국에서 활동하는 배우로, 제작과 주연을 맡은 〈걸스(Girls)〉 시리즈로 유명하다. 소셜미디어를 통해 꾸준히 사회적 목소리를 내는 페미니스트이기도 하다.

로부터 지금 우리가 서 있는 지점에 오기까지 무슨 일이 있었던 걸까? 이 책은 이 시기를 인터넷문화와 하위문화의 관점에서 다루며, 페미니즘과 섹슈얼리티, 젠더 정체성, 인종주의, 표현의 자유와 정치적 올바름이라는 의제가 분출하던 기간 동안 주류 매체들의 레이더망 바깥에서 치열하게 이루어진 온라인 문화전쟁을 추적한다. 이 온라인 문화전쟁은 1960년대나 1990년대의 문화전쟁과는 다르다. 1960년대와 1990년대의 문화전쟁은 젊은 세대가 일으키는 문화적 세속화와 자유화의 물결을 문화적 보수주의로 무장한 기성세대가 가로막으려는 전쟁이었다. 지금의 온라인 백래시에는 십대 게이머, 스와스티카[만자(卍) 모양]를 게시하는 익명의 일본 애니메이션 '덕후', 아이로니컬한 〈사우스 파크South Park〉보수주의자,*** 반페미니즘 테러리스트, 사이버 추행꾼, 밈을 만드는 트롤troll**** 등으로 구성된 기이한 전위부대가 동원된다. 이들은 대의명분이 불분명한 블랙 유머와 위반 행위를 수시로 전시하는 탓에 그것이 진정으로 정치적 신념에 근

** 밈은 흔히 인터넷 유행어, '짤방' 등을 포괄하는 말로 쓰이지만 엄밀히 말하자면 차이가 있다. 밈의 가장 일반적인 용례는 사용자가 어떤 상황이나 감정 상태 등을 풍자적이고 해학적으로 묘사하고자 할 때 노래, 영화, 만화, 게임 등 다양한 대중문화의 텍스트를 원작의 의도나 맥락과 전혀 무관하게 가져다 쓰는 것이라고 할 수 있다. 특정 밈을 사용할 때 그것의 기원과 용례를 정확하게 이해하고 있는지에 따라 이용자 사이 유대감에 차이가 발생하기도 한다.

거를 두는 것인지, 아니면 그들이 말하는 것처럼 정말 그저 웃자고 하는 것인지도 명확히 알기가 어렵다. 모호하게나마 그들을 하나로 묶어주는 것처럼 보이는 것은 이것이다. 그들은 지친 리버럴을 관통하는, 즉 기득권 정치에서 텀블러 Tumblr⁺의 가장 괴팍한 구석과 새로운 정치적 감수성을 전투적으로 실행에 옮기는 캠퍼스 정치까지를 관통하는 지적 순응주의가 간절함과 도덕적 자화자찬으로 표현될 때 이를 신나게 조롱한다.

2016년을 전후해 우리는 문화와 공공성에 관한 주류의 감각과 주류 미디어 영역에 남아 있던 대중문화 감수성의 죽음 또한 목격하게 된다. 트럼프주의자들의 승리는 그들이 주

✦✦✦ 〈심슨 가족〉 다음으로 미국에서 가장 오래 방영 중인 미국의 성인 애니메이션. 귀엽고 단순한 그림체와 달리 선정적이고 폭력적인 묘사와 촌철살인의 정치·사회 풍자로 팬을 모았다. 풍자의 대상은 주로 미국의 리버럴 정치 세력, 진보연하는 엘리트, 연예인 등이다. 물론 보수 정치 세력도 만만찮은 수위로 조롱한다. 〈사우스 파크〉의 창작자이자 작가인 트레이 파커와 맷 스톤은 자신들의 정치 성향을 분명하게 밝히지는 않았으나 "보수는 싫지만 리버럴은 혐오한다"라고 말한 바 있다. 우익 성향의 젊은 시청자들은 〈사우스 파크〉의 리버럴 풍자만 따로 취해 혐오의 레토릭으로 삼곤 하는데, 이러한 이들을 가리켜 '〈사우스 파크〉 보수주의자'라고 부른다.

✦✦✦✦ 트롤은 본래 북유럽 신화에 등장하는 상상의 생물로, 동굴이나 언덕 밑에 집을 짓고 살며 인간에게 장난과 행패를 일삼는 존재로 묘사된다. 악의적으로 논의에 훼방을 놓거나 타인의 기분을 상하게 만드는 이를 가리켜 트롤, 그러한 행위를 트롤링이라고 일컫는다.

✦ 트위터와 비슷한 블로그 형식의 소셜미디어 사이트로, 2010년대 초반부터 리버럴 성향 대학생들이 정치·사회·문화 논평을 공유하는 플랫폼으로 적극 이용했다.

류 미디어와 벌인 전쟁에서의 승리이기도 했다. 주류 미디어는 이제 다수의 보통 유권자들에게도 멸시를 받고 있으며, 기이한 아이러니로 점철된 인터넷 하위문화 향유층은 좌우 성향을 막론하고 주류 미디어와 거리를 두려 한다. '인싸년basic bitch'이든 '인싸normies'**든 부패한 주류 미디어의 일원이든 뭘 잘 모르는 사람으로 비춰지는 건 커리어에 재앙이 된다. 이에 따라 우리가 목도하게 되는 것은 이용자가 직접 밈을 만드는 문화와 이용자 제작 콘텐츠로 표현되는 새로운 반기득권 감성이다. 지난 수년간 사이버유토피아주의자들은 이용자들이 직접 콘텐츠를 만들고 유통한다는 데 흥분했지만, 이러한 식으로 특정한 정치적 양상을 띨 것이라고는 상상도 하지 못했다.

　[2008년] 오바마 대통령이 처음 당선되었을 때와 2016년 대선을 비교해보자. 한쪽에는 예술가 셰퍼드 페어리 Shepard Fairey가 만든 오바마의 상징적인 스텐실 초상화가 있

✤✤　직역하면 '평범한 사람'인 normie는 포챈을 중심으로 한 미국의 극우-남성 커뮤니티에서 경멸적 의미의 은어로 사용된다. 사회 규범적으로 요구되는 것들, 가령 직장에 다니거나 연애를 하고 사람들과 관계 맺는 것 등을 '평범하게' 수행할 수 있으며 전반적으로 주류의 감성에서 벗어나 있지 않은 사람들을 향한 멸시와 증오를 담고 있는 말이다. 이러한 용례는 한국의 인터넷 커뮤니티에서 '인싸'가 멸칭으로 쓰일 때의 용례와 매우 비슷하므로 이처럼 옮겼다. 'basic bitch' 역시 직역하면 '평범한 년' 정도로 옮길 수 있으며 그 용례는 normie와 비슷하다. 한국 인터넷 커뮤니티에서 '인싸'가 사용되는 맥락에 대한 더 자세한 설명은 '옮긴이의 말'(237쪽)을 참고하라.

다. 오바마 선거캠프의 공인을 받고 몇몇 소셜미디어 인플루언서들에 의해 널리 유포된, 청색과 적색으로 이루어져 있으며 하단에는 '희망HOPE'이라고 쓰인 바로 그 초상화 말이다. 다른 한쪽에는 저속한 방식으로 주류 문화에 훼방을 놓는 밈 문화의 폭발적인 힘이 있다. 이러한 물결을 타고 탄생한 '버니 샌더스 열화된 밈 모음집Bernie Sanders Dank Meme Stash' 페이스북 페이지와 '더 도널드The Donald' 서브레딧✦은 젊은 유권자들과 새롭게 정치 세력화한 세대 집단에 맞춰 대선 경주의 분위기를 바꾸어버렸다. 주류 매체들은 알아듣는 사람만 알아듣는 유머로 점철된 하위문화를 이해하기 위해 애썼고, 그것을 좌우 진영으로부터 일어난 반기득권 감성의 물결로 해석했다. 마누엘 카스텔Manuel Castells 같은 작가나 《와이어드Wired》유의 잡지에 기고하는 몇몇 평론가들은 네트워크로 연결되는 사회의 도래를 말하며 비즈니스와 문화의 오래된 위계적 모델이 약화되고 그 자리를 집단 지성, 군중 정치, 군집 정신hive mind, 시민 저널리즘, 이용자 생성 콘텐츠가 대체할 것으로 예측했다. 그러한 바람은 현실이 되었지만, 그들이 그린 유토피아적 상상과는 거리가 멀었다.

전통적인 미디어가 쇠퇴함에 따라 문화적 감수성과 예

✦ 미국 최대 규모 인터넷 소셜플랫폼 '레딧(Reddit)'의 이용자 생성 포럼을 말한다. 한국의 '디시인사이드'에서 볼 수 있는 각각의 갤러리 개념과 비슷하다.

절을 사수하던 게이트키퍼들도 타도되었다. 소수의 창조계급이 대중적인 취향을 지탱한다는 개념은 이제 출처가 불분명한 온라인 바이럴 콘텐츠의 속도에 추월당했으며 문화산업의 소비자들은 항시적으로 온라인 상태인, 그때그때 바로 콘텐츠를 생산하는 사람들로 대체되었다. 2016년은 제도권 정치에 대한 주류 언론의 장악력이 사라진 해로 기억될 것이다. 수천 개의 트럼프 페페 밈이 퍼졌고, 주류 미디어와 양당 기득권에 공공연히 적개심을 드러낸, 실력자로 포장됐으나 실제로는 '트잉여'에 불과한 자가 기득권 세력의 도움 없이 백악관에 입성했다.

인터넷문화의 주류적 감수성에 생긴 파열을 명징하게 드러낸 초기 사건들 중 하나는 〈코니 2012Kony 2012〉라는 바이럴 영상이었다. 〈코니 2012〉의 유행에서 2016년 하람베 Harambe 밈의 폭발적 인기까지의 노정에서 우리는 [인터넷문화의] 지배적 스타일이 윤리적 덕목에서 난해한 냉소적 아이러니로 변하는 궤적을 살펴볼 수 있다. 〈코니 2012〉는 '스톱 코니Stop Kony' 캠페인의 홍보 영상으로, 이 캠페인의 목적은 2012년 말까지 우간다 반군 조직의 사령관인 조지프 코니 Joseph Kony를 체포하는 것이었다. 해당 영상은 조회수 1억 회를 기록하며 널리 입소문을 탔고 영상이 공개된 지 불과 며칠 만에 미국 청년층의 절반에 가까운 수가 그 영상에 대해 들은 바 있다는 조사 결과까지 나왔다. 영상을 업로드한 사이트의 서버는 트래픽 폭주로 한동안 접속이 불가능해지기도 했으며, 《타임》은 역사상 가장 많은 입소문을 탄 영상으로 〈코니 2012〉를 소개했다. 그동안 우간다의 전쟁범죄에 무관심했던 수많은 서구 청년들은 페이스북과 트위터에서 영상을 공유하며 즉각적인 정서적 반응을 전시했다. 지금 우리가 냉소적으로 '올바름 과시 행위virtue signaling'라고 일컫는 그것이다.

그런데 해당 영상에 대해 우간다인은 물론이고 우간다 전문가들, 그리고 우간다 대통령까지도 사실의 과도한 단순화, 사실관계 오류, 감정적 선동과 '슬랙티비즘slacktivism'✢(오늘날에는 '클릭티비즘clicktivism'이라는 신조어 멸칭이 더 많이 쓰인다)을 지적하며 비판했다. 〈코니 2012〉가 우간다에서 대중적으로 상영되었을 때 관중들은 강하게 반발하며 야유를 보냈고, 코니에게 희생당한 피해자들이 아니라 [이를 기록하고 고발하는] 미국인 감독에게 초점이 맞춰져 있다는 데 분노를 표했다. 비난의 물결을 타고 인정투쟁에 혈안이 된 서구의 비평가들은 〈코니 2012〉와 이를 지지하는 사람들의 부족한 도덕성을 폭로하는 데 앞장섰다.

✢ '게으르다' '느슨하다'라는 의미의 'slack'과 사회운동을 의미하는 'activism'을 합성한 조어로, 별다른 노력이나 헌신 없이 소셜미디어에서의 활동이나 좋아요를 누르는 식의 행위만으로 사회 변화에 공헌한다고 믿는 자기만족을 경멸적으로 지칭할 때 쓰인다.

〈코니 2012〉의 명성이 한창일 때, 영상을 제작한 감독인 제이슨 러셀Jason Russell이 신경쇠약을 일으키는 장면을 촬영한 영상이 온라인에 유포되었고, 그는 곧 체포되어 정신감정을 받게 되었다. 그가 야외에서 알몸인 채로 바닥에 엎드리거나 소리를 지르고, 길거리에 주차된 자동차를 부수고, 자위를 하는 모습이 촬영된 영상은 또 다른 바이럴 영상이 되어 입소문을 타고 널리 퍼졌다.

아찔할 정도로 빠른 시간 안에 〈코니 2012〉는 공익을 위한 공유에서 '내가 이렇게 윤리적이다(깨어 있다)'라는 것을 과시하는 액세서리로, 이후 불명예스러운 것을 거쳐 **행재요화**Schadenfreude**의 상징으로 변질되는 전형적인 궤적을 따른다. 이 궤적은 향후 수년간 흔하게 목격된 인터넷 스펙터클의 음습한 플롯이다. 국경을 넘어선 선의로 해당 영상을 공유했던 수많은 사람은 멋쩍어하며 자신의 SNS에서 영상을 내렸다. 진지하며 자아도취적이고 쉽게 공감 가능한 [세계적이고 윤리적인] 관심사는 불과 며칠 지나지 않아 인터넷 문화의 보다 원시적이면서도 경제적 이해관계와 무관한 익

** 원문에 쓰인 샤덴프로이데(Schadenfreude)는 독일어 표현으로, schade는 '유감스러움'을 뜻하고 freude는 '즐거움'을 뜻한다. 남의 불행을 보고 안타까워하면서 한편으로는 즐거움을 느끼는 감정을 표현하는 이 말은 독일어로만 표현할 수 있는 감정 단어로 알려져 있지만 한자 문화권에도 비슷한 말이 있다. '남이 화를 입는 것을 보고 기뻐함'이라는 뜻의 행재요화(幸災樂禍)가 그것이다.

명성의 가장 어두운 면으로 대체되었다. 깊은 냉소주의와 지금으로서는 더 이상 막을 방법이 없는 '바이럴 엔터테인먼트'인 공개적 모욕 주기, 즉 행재요화로 말이다.

〈코니 2012〉를 공유하는 행위가 미덕으로 격려되다가 수치스러운 행위로 격하된 것과 같은 일련의 사이클은 수없이 반복됐다. 2016년이 되자 허무주의적 냉소주의와 반동적 아이러니는 주류 인터넷문화의 표면으로까지 떠올랐고, 터무니없으면서도 알아들을 사람은 알아듣는 인터넷 포럼의 유머는 대중 유머의 지배적 양식이 되었다. 그해 신시내티동물원에서 [세 살배기] 한 아이가 고릴라 우리에 떨어졌고 그 우리에 있던 하람베라는 이름의 고릴라가 총격으로 사살되는 일이 벌어졌다. 예상대로 네티즌들의 분노 표출은 여느 때처럼 올바름 과시 행위의 과열된 경쟁으로 이어졌다. 처음에는 감수성이 폭발하고 격분한 네티즌들이 고릴라의 죽음을 아이의 부모 탓으로 돌리며 맹공을 퍼부었고, 일부에서는 아이를 방치한 죄로 부모를 기소해야 한다는 서명 운동이 일어나기도 했다. 그러자 그러한 소셜미디어 스펙터클을 향한 경박하고 아이로니컬한 조롱이 잇따라 나오기 시작했다. 하람베 밈은 금세 서구 리버럴의 수행적 정치의 감수성과 부조리한 우선순위 설정, 그리고 그것이 실천으로 발현될 때의 집단 히스테리에 대한 완벽한 패러디가 되었다.

하람베 사건이 레딧의 메인페이지에 게시된 날, 체인지

닷오알지Change.org✦에도 '하람베를 위한 정의'라는 제목의 청원이 등록되었다. 해당 청원은 하람베 사살의 책임을 아이의 부모에게 물을 것을 당국에 요구했으며 수십만 명의 사람들이 이 청원에 서명했다. 그리고 얼마 지나지 않아 #하람베를위한정의, #RIP하람베라는 아이로니컬한 해시태그가 돌기 시작했다. 가사에 하람베를 넣어 개사한 패러디곡이 만들어졌고, 일종의 동원명령 구호랍시고 만들어진 "하람베를 위해 자지를 까자Dicks Out For Harambe"라는 슬로건은 코미디언 브랜던 워델Brandon Wardell을 통해 널리 알려졌다.

하람베는 2016년에 사망한 유명 인사 데이비드 보위, 프린스와 함께 묶여 감상적인 초상화로도 등장했다. 미국의 한 고등학교에서는 고교 미식축구 시즌이 시작되는 날 한 학생이 고릴라 의상을 입고 나타나 다른 학생을 끌고 가는 시늉을 하며 하람베가 사살되기 직전 우리 안의 모습을 재연했다. 밈을 생산하는 네티즌들은 하람베 해시태그를 걸며 온갖 트윗과 메시지로 신시내티동물원을 폭격했고 이에 동물원 측은 제발 멈춰달라고 호소했다. 한 청년이 민주당 전당대회가 열리는 건물 앞에서 9·11 '트루더Truther'✦✦의 음모론을 풍자하며 '부시가 하람베를 죽였다'고 쓴 팻말을 들고 있는 모

✦　세계 최대 규모의 온라인 청원 플랫폼.
✦✦　9·11 테러가 미국 정부의 자작극이라고 주장하는 '9·11 진실 운동(Truth Movement)'의 일원을 가리킨다.

습이 MSNBC 생방송 보도에 잡히면서 하람베 밈은 기성 대중 미디어로도 퍼졌다.

[정치 팟캐스트] '차포 트랩 하우스Chapo Trap House'의 진행자 맷 크리스먼Matt Christman은 하람베 밈이 아이러니로 점철된 온라인문화의 산물 그 자체라고 지적하며 다소 냉소적이지만 적확하게, 다음의 말로 사태를 요약했다. "하람베 유머의 유행은 사람들이 살인 사건을 안타까워하면서도 동시에 농담거리로 만들고 싶어 한다는 것을 보여준다." 또 다른 팟캐스트 방송에서 그는 [오마르 마틴이] ISIS에 충성을 맹세하고 올랜도 게이 클럽에서 총기를 난사한 사건 이후 하람베 마니아가 급증했다고 말했다.

방송을 통해 보도되는 비극적 사건들에 대해 별다른 문제의식 없이 장난과 아이러니로 응답하는 것은 이미 수년 전부터 있었던 인터넷 트롤문화의 전형이었지만 하람베 사건처럼 그토록 많은 사람들이 농담의 물결에 동참한 적은 없었다. 하람베 밈의 유행은 매사 심각하고 독선적이며 올바름을 말해야 하는 진보적 소셜미디어 감수성이 터무니없을 정도로 절정에 이른 상황에서, 이에 대한 반발로 인터넷 깊숙한 곳에 암약해 있던 아이로니컬하고 냉소적인 조롱의 스타일이 주류 인터넷문화로 부상하기 시작하면서 가능했다.

하람베 밈과 같은 유머는 하나의 잘 만들어진 부조리극과 같은 패러디로 기능하곤 하며 따라서 좌우 진영을 막론한 아이러니스트들이 이를 수용하기도 하지만, 그러한 유머에 항상 따라올 수밖에 없는 문제는 아이러니의 미로 속에 진정으로 사악한 것들이 숨어 있을 수 있다는 것이다. 이를테면 영화 〈고스트버스터즈〉의 [원작 등장인물이 모두 여성으로 바뀐] 리메이크작 주연배우 레슬리 존스Leslie Jones를 향해 사이버폭력을 주도한 익명의 네티즌들은 그를 고릴라에 빗대면서 온갖 위협을 가했다. 이러한 폭격은 알트라이트alt-light의 스타로 부상한 보수주의자이며 영국인이자 게이인 마일로 이아노풀로스Milo Yiannopoulous가 트위터를 통해 레슬리 존스가 "흑인 남자"처럼 생겼다느니 하며 쏟아낸 인신공격을 계기로 개시된 것이었다. 마일로 이아노풀로스의 저격과 함께 시작된 사이버폭력은 레슬리 존스의 웹사이트가 해킹당하고 온라인에 누드사진이 유출되는 사건으로까지 이어졌다.

하람베 밈은 대안우파alt-right의 가해자들이 가장 즐겨 쓰는 밈이 되었고, 진보적 감수성을 조롱하고 싶어 하는 사람들에게 사랑받았다. 이러한 사실을 감안할 때 그것은 다만 인터넷 발 풍자로 둔갑한, 유구한 역사의 인종차별주의와 같은 무언가는 아니었을까? 정말 그것이 진보적 인터넷문화의 무의미한 히스테리와 유사 정치에 대한 영리한 패러디였을까? 그러한 밈을 만들어내고 퍼뜨린 사람들은 애초의 의도가 무엇이었는지, 그들 자신이 [밈을 통해 무언가를] 비꼬는 건지 아닌지 기억은 하고 있을까? 그들이 미디어 현상의 아이러니를 추구하는 패러디스트인 동시에 진지한 행위자라는 것은 가능한 일일까?

트위터에서 프롬prom이라는 계정을 쓰는 한 해커가 신시내티동물원 임원인 테인 메이너드의 계정을 해킹해 "#하람베를위해자지를까자"라는 트윗을 올렸다. 《뉴욕데일리뉴스》와의 인터뷰에서 그러한 행동을 한 이유가 무엇이었느냐는 질문을 받은 그 해커는 "잘 모르겠다"라며 "당시에는 하람베를 죽인 사람한테 화가 좀 나 있었던 것 같다"라고 답했다.

바로 이렇게 알아들을 사람만 알아듣는 아이로니컬한 유머의 미로 속에서 온라인 문화전쟁이 발생했고, 트럼프가 당선되었으며, 오늘날 우리가 대안우파라고 부르는 집단이 하나의 세력으로 성장했다. 아더킨otherkin✤에서 극우의 페페밈까지, 인터넷 어느 깊숙한 곳이 아니라 대중 미디어에서 먼저 접하면 일반인들로서는 당혹스러울 수밖에 없는 기괴한 하위문화적 행위들, 새로운 정체성, 기이한 사건들은 모두 어떤 반응에 대한 반응에 대한 반응으로 이해할 수 있다. 각각의 반응은 다른 반응에 분노하며 나타난 또 다른 반응인 것이다. 텀블러 이용자들은 그들의 온라인 하위문화 바깥 세상에서 작동하는 인종주의, 여성혐오, 이성애중심주의적

✤ 자신의 정체성을 인간 외의 다른 종이나 신화적 존재, 외계인 등에 동일시하는 사람들의 하위문화를 가리킨다.

억압에 대한 의식과 감수성을 키우고 젠더의 경계를 허물었다. 이에 트럼프를 지지하는 밈 생산자들은 금기를 깨는 반PCanti-political-correctness의 형식을 더 극단적으로 밀어붙이는 식으로 대응했다. 트럼프주의 트롤들과 대안우파를 망라하는 "개탄스러운" 이들은 [자신들이 그렇게 간주되는 것과 마찬가지로] 힐러리 클린턴의 추종자들(표현의 자유에 반하는 캠퍼스 좌파와 텀블러의 확고한 정체성 정치의 접점에 위치한 이들)을 빠르게 쇠락하고 있는 서구 문명의 표상으로 간주한다. 양 진영은 점점 더 문화적 주류와는 거리를 두고 있으며 이것이 두 황폐한 관점이 유일하게 닮아 있는 지점이다.

대학 캠퍼스를 전초 기지로 삼는 텀블러식 정체성 정치에서 비롯된, 한때 찻잔 속 태풍에 불과했던 좌파 진영의 취소문화call-out culture**는 이 시기 절정에 달했다. 국수를 먹는 것에서 셰익스피어를 읽는 것까지 모든 게 '문제적인' 행위가 되었고 지극히 일상적인 행위조차 '여성혐오적'이라거나 '백인우월주의적'이라는 비난을 면하기 쉽지 않았다. 익명성의

** 같은 의미로 'cancel culture'라는 말이 더 많이 쓰이고 있어 이처럼 옮겼다. 취소문화는 예컨대 여성혐오의 혐의가 짙은 배우 등 유명인이 문제적 발언으로 논란을 일으켰을 때 그에 대한 대응으로 출연 프로그램 폐지(cancel)를 촉구하거나 출연 공연의 티켓을 취소(cancel)하는 등의 집단행동인 일련의 보이콧을 포함해, 이것이 격려되는 전반적인 분위기를 의미한다. 이에 따라 그 대상은 소셜미디어에 문제적인 발언이나 농담 등을 게시한 일반인인 경우도 있으며, 이 경우의 '취소'는 개인의 신상을 알아내 재직 중인 직장 등에 항의하는 것으로 이어진다.

인터넷 공간 어느 어두운 구석에서 금기와 반도덕의 이데올로기가 곪아터지는 사이, 대다수 청년이 처음으로 정치적 성향을 드러내는 장소로서의 비익명화된 소셜미디어 플랫폼은 독수리눈의 관찰자들이 조직적으로 벌이는 공개적 망신 주기의 감시망 안에서 불안에 떨어야 하는 파놉티콘과 같은 것이 되었다. 그 힘이 최고조에 달했을 때, [목을 베어 높은 곳에 매달아 사람들에게 보이도록 하는] 효시에 비견될 정도로 무시무시해진 공개적 망신 주기는 문제시되는 언행이 얼마나 사소하든, 혹은 그 의도가 얼마나 선했든 상관없이 그의 평판과 커리어, 나아가 삶 전체를 망칠 수도 있었다. 오늘날 온라인 좌우 진영에서 나타나는 특유의 현상은 의심의 여지 없이 바로 이 기이한 극단적 엄숙주의 시기의 산물이다. 이러한 온라인 정치의 시작이 언제부터인지는 모호하지만 이는 특정 시기의 한 세대를 지배했고, 주류의 감성과 언어에도 영향을 미쳤다.

분별없는 자유주의적 취소의 외침은 마일로 이아노풀로스 같은 카리스마를 소유한 인물들이 전형적으로 보여주는, 반PC와 상스러운 조롱으로 점철된 온라인 백래시의 온상이 되었다. 지난 몇 년간 유사 연애 감정을 선사하는 팝스타에서 쥐스탱 트뤼도Justin Trudeau*까지 누구랄 것 없이 '백인우월주의자'라고 부르고 '위드 허'를 천명하지 않은 사람들을 모두 성차별주의자라고 비난하는 식으로 늑대가 나타났다며 외쳐댄 끝에, 진짜 늑대가 나타났다. 이해할 사람만 이해하는 아이러니한 농담의 온라인 트롤 군단 안에 은신하는 공공연한 백인민족주의자 대안우파의 형태로 말이다. 이런 상황에서는 누구를 진지하게 받아들여야 하고 누구를 농담으로 받아들여야 하는지도 알 수 없다. 새로운 온라인 극우주의의 중심에 있는 이들 자신을 포함해서 말이다. 이 시기 알트라이트의 셀럽으로 떠오른 인물들은 온라인 정체성 정치의 부조리와 여성혐오, 인종주의, 장애인 차별, 비만 혐오, 트랜스젠더 혐오 등으로 낙인을 남발하는 문화를 드러내는 것으로 커리어를 꾸렸다. 하지만 오프라인에서는 트럼프 당선의 책임이 한쪽 진영으로만 귀속됐다. 농담 반 진담 반 유사 반어적으로 나치식 경례 제스처를 취하는 공공연한 백인분리주의자를 비롯해 증오로 가득 차 있으며 때때로 살인까지 저지르는 여성혐오자와 인종차별주의자가 트롤 군단 안에서 성장한 것에 대해서도 한쪽 진영의 책임만 부각되었다.

대놓고 인종차별주의적인 대안우파 세력이 널리 알려지기 이전, 그보다 가벼운 성격의 대안우파, 즉 알트라이트는 앞장서서 《브라이트바트Breitbart》** 등에 기고하고 유튜브

❖　캐나다의 23대 총리. 내각 인사를 남녀 동수로 구성하고 다양성과 정치적 올바름 관련 의제 등을 강하게 설파하며 진보적 정치인으로 평가받았다. 하지만 정계에 입문하기 전 얼굴을 까맣게 칠한 아랍인 분장으로 어느 코스튬 파티에 참석한 사진이 공개되어 인종차별 논란을 빚는 등 몇 가지 사건으로 비판받은 바 있다.

채널을 만들어 대안우파 사상을 열띠게 선전하며 소셜미디어에 홍보했다. 그러나 훗날 마일로가 추락할 때 그는 대안우파로부터 아무런 보답도 받지 못했다. 이 사례는 보다 진지한 정치적 목적을 갖고 움직이는 세력이 단순히 희롱을 목적으로 금기를 넘는 사람들을 쓸모 있는 바보로 이용한 첫 번째 사례로 기록할 수 있을 것이다. 폭력을 필요로 하는 그들의 비전과 함께 이 어둡고 반유대주의적이며 인종분리주의적인 이데올로기가 앞으로 더 부상한다면, 우파를 매력적으로 보이게 만든 이들 또한 그러한 역할을 한 데 책임을 져야 할 것이다.

이 책은 한 세대의 정치적 감수성을 형성한 온라인 문화전쟁의 궤적을 그리고자 한다. 이는 최근 몇 년간 컬트적이고 모호한 하위문화의 문화와 사상이 어떻게 일반 대중과 정치의 영역으로 주류화되었는지 이해하고 기록하는 작업이기도 하다. 오늘날의 문화전쟁을 몇몇 역사적 맥락에 위치시키고 퍼포먼스에서 진실을, 추상에서 구체를, 가짜 아이러니에서 진짜 아이러니를 식별하려고 시도할 것이다. 그런 것이 아직 가능하다면 말이다.

✤✤ 보수 성향 비평가이자 저널리스트였던 앤드루 브라이트바트가 2007년 설립한 인터넷 언론사. 도널드 트럼프 행정부의 전략가였던 스티브 배넌이 대표로 있었던 사실이 알려지면서 세계적으로도 유명해졌다. 갈수록 극우로 기울고 있다.

인싸를 죽여라

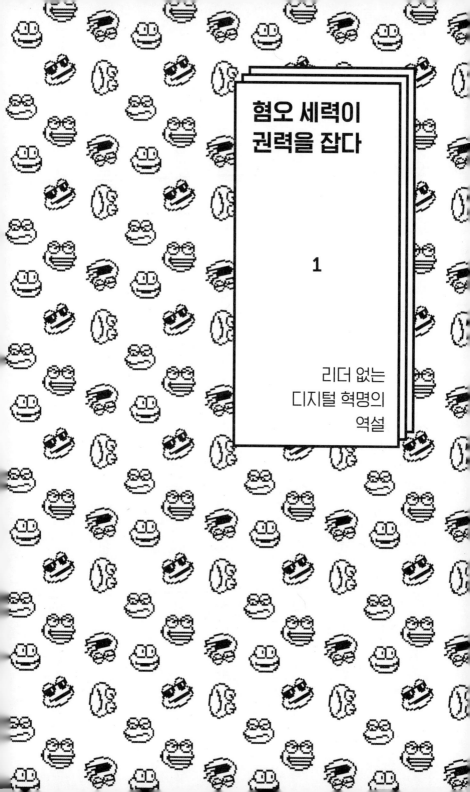

혐오 세력이
권력을 잡다

1

리더 없는
디지털 혁명의
역설

닷컴버블 붕괴 이전 1990년대 이후, 사이버유토피아에 대
한 환상이 가장 화려하게 부활했던 2010년대 초반을 되새겨
볼 가치가 있다. 이때의 환상은 아랍의 봄과 월가 점령 운동,
그리고 새롭게 정치 세력화한 해커 운동에 대한 반응으로 발
생한 것이었다. 뉴스에는 어나니머스Anonymous, 위키리크스
Wikileaks, 그리고 스페인과 중동에 걸친 일련의 대중봉기가
대대적으로 보도되었고 그러한 사건들이 지니는 중대한 의
미에 관해 온갖 분석과 논평이 난무했다. 분석과 논평은 하
나같이 [이러한 대중봉기가] 소셜미디어의 부상에 힘입었다
고 분석하며 지도자 없는 새로운 형태의 디지털 혁명이라 주
장했다. 이때 보였던 호들갑과 자만은 누구든 의구심을 품을

정도로 과했지만 대다수 좌파는 소셜미디어에 올라오거나 대중매체 등에 보도되는, 엄청난 인파가 광장을 뒤덮은 이미지들이 불러일으키는 흥분에 휩싸였다.

책, 소셜미디어, 수없이 쏟아져 나온 칼럼들과 블로그까지 매체를 가리지 않고 초기 인터넷의 사이버유토피아주의자들이 오랫동안 예고했던 그 어떤 것의 도래를 일제히 축복했다. 당시의 분위기가 어느 정도였는지를 보여주는 전형적인 예로 헤더 브룩Heather Brooke의 찬가 《혁명은 디지털화될 것이다The Revolution Will be Digitized》에는 다음과 같은 문장이 있다. "테크놀로지는 지위, 계급, 권력, 부, 지리라는 전통적인 사회적 장벽을 허물고 이를 투명성과 협력의 에토스로 대체하고 있다." 온라인에서 조직된 리더 없는 조직이 스페인 등 세계 각지에서 나타나기 시작함에 따라 캐나다의 반소비주의 매거진 《애드버스터스Adbusters》는 마누엘 카스텔의 저명한 논문 〈분노가 네트워크가 되다〉를 게재했다. 카스텔은 그가 거의 평생을 주창해왔던 네트워크 사회가 급진적인 새로운 형태로 나타났다고 주장했다. BBC 저널리스트 폴 메이슨Paul Mason은 〈왜 그것이 모든 곳에서 일어나는가〉라는 글로 [이집트의] 타흐리르 광장에서 일어난 혁명, 이란의 '트위터 혁명', 수없이 해시태그되어 세계 도처에 퍼진 월가 점령 운동을 기록했다.

하지만 몇 년 지나지 않아 열기는 빠르게 식었다. 이집

인싸를 죽여라

트 혁명은 무슬림형제단의 전횡이라는 최악의 결과로 이어졌다. 이슬람교도들은 거리에서 폭동을 일으켰고 불과 얼마 전 희망의 빛을 밝혔던 바로 그 광장에서 강간 사건들이 벌어졌다는 게 드러났다. 곧 군부가 다시 권좌에 올랐다. 월가 점령 운동의 시위자들은 말 그대로 목적 없는 상태에 머물러 있었고 조직들은 결국 하나둘 경찰에 의해 광장에서 쫓겨났다. 2013년 후반 우크라이나에서도 광장의 인민권력 낭만화를 자극하는, 광장 민중 시위가 일어났다. 하지만 이미 조금씩 설득력을 잃기 시작한 리더 없는 네트워크의 서사는 시위가 금세 파시스트적 폭동으로 전화함에 따라 점차 잊히게 되었다.

월가 점령 운동과 수많은 인파가 푸에르타델솔 광장을 채웠던 스페인 광장 시위 등 리더 없는 디지털 혁명으로 간주되었던 여러 사건에는 늘 가이 포크스Guy Fawkes✤ 마스크가 핵심적인 상징으로 쓰였다. 하지만 그 마스크가 온라인에서 급부상한 계기와 마스크에 내포된 정치적 내용이 사실상 비어 있었다는 점에서, 완벽히 다른 형태의 리더 없는 온라인 운동이 맹아를 키우고 있었다는 사실을 눈치챘어야 했다.

✤ 1605년 가톨릭 민중봉기를 일으키고자 잉글랜드 국왕 제임스 1세 암살 계획을 세우고 상원의회 지하에 폭약을 설치했다가 발각되어 사형된 인물. 훗날 그는 저항과 혁명의 상징이 됐고, 가이 포크스 마스크는 2005년 영화 〈브이 포 벤데타〉를 계기로 널리 알려졌다.

트럼프 당선 이후, 특유의 밈을 활용한 미학적 정서로 '더 도널드' 서브레딧에서 주류의 인터넷문화까지 잠식해버린 새로운 온라인 우익에 대한 세간의 관심이 급증했다. 선거 직전까지 가장 유명한 이미지는 바로 개구리 페페였다. 마일로 이아노풀로스와 포챈4chan, 네오나치 사이트들을 망라하며 나타난 우익 온라인의 현상은 '대안우파'로 호명되며 보도되었다. 하지만 네티즌들이 지적하듯 좀 더 엄밀하게 보자면, 대안우파라는 용어는 로마제국을 참고해 미국 백인 민족국가와 범국가적 백인 제국의 건설을 주창하는 리처드 스펜서Richard Spencer 같은 인물이 대표하는 노골적인 백인분리주의와 백인민족주의 운동 및 온라인 하위문화의 새로운 물결만을 가리킨다. 해당 운동의 선전 미디어로는 스코틀랜드인 유튜버 밀레니얼의비애Millennial Woes와 [라디오, 동영상 등 각종 콘텐츠를 제작하는] 레드아이스Red Ice, 래딕스Radix 같은 웹사이트, 출판사 카운터커런츠Counter-Currents 등이 있다.

종종 서로 반목하기도 하는 범凡대안우파의 다양한 세력을 보자면, 대안우파의 선배이면서 그들에게 강한 영감을 주는 구세대 백인우월주의자로 스스로를 "인종현실주의자"라고 일컫는 재러드 테일러Jared Taylor와 《옥시덴탈옵서버 Occidental Observer》의 편집인 케빈 B. 맥도널드Kevin B. MacDonald가 있다. 반명예훼손연맹Anti-Defamation League의 설명에 따르면 《옥시덴탈옵서버》는 극우 성향 지식인들이 반유대주의를 피력하는 주요한 매체다. 대안우파는 대체로 지능지수IQ, [미국 내] 유럽인의 증가와 문명의 쇠락, 문화적 퇴폐, 문화적 마르크스주의, 반평등주의와 이슬람화에 집착하지만 대안우파라는 이름이 시사하듯 이들이 무엇보다 중요하게 생각하는 것은 기득권 우파 보수주의자들을 대체하는 대안 세력을 만들어내는 것이다. 대안우파는 전통 보수주의자들의 온건한 기독교적 수동성을 비난하며, 여성·국가·백인 정체성을 비백인 침입자들에게 빼앗기고도 가만히 있는다는 의미로 기득권 우파에게 '오쟁이 진 보수cuckservative'✢라는 멸칭을 붙인다.

대안우파의 범위를 좀 더 넓게 잡으면 더 일찍부터 있었던 신반동주의 운동Neoreaction movement, NRx과 같은 반평등주의적 반동 정파가 있다. 대표적 인물로는 '대성당The Cathedral'과 '암흑계몽주의Dark Enlightenment'라는 이름의, 그 영향력을 무시할 수 없는 사상을 창시한 블로거 맨시우스 몰드버그Mencius Moldbug[본명은 커티스 야빈Curtis Yarvin]와 철학자 닉 랜드Nick Land가 있다. 대성당 사상은 마르크스주의 비판이론에서 모든 것을 아우르는 시스템이자 마음의 감옥으로 이데올로기를 이해하는 방식과 매우 유사하다. 암흑계몽주의는

✢　cuckservative는 '아내가 다른 남자와 간통한 남성'을 경멸조로 칭하는 cuckold와 '보수주의자'를 뜻하는 conservative의 합성 조어다.

계몽주의에 대한 반어적인 유희이며 진보를 회의하고 자유주의 패러다임을 거부하는 데 근간을 둔다. 대안우파를 통틀어 가장 위대한 이단아라고 할 수 있는 닉 랜드는 한때 급진적 가속주의accelerationism 학파와 가까웠으며 지금도 여전히 극도로 특이한 사상가로서 결코 쉽게 분류할 수 없는 인물이다. 테크놀로지를 긍정하는 급진적 우파 자유지상주의libertarian의 자장 안에서 공통적으로 천착하는 주제는 비트코인, 시스테딩Seasteading(미국 근처의 공해상에 독립된 국가를 건설하자는 피터 틸Peter Thiel*의 아이디어), 트랜스휴머니즘의 우파 엘리트주의적 응용 등이다.

　　하지만 지금의 이른바 대안우파가 주류 세력이나 새로운 청년 세대와 연결될 수 있었던 것은 이해하기도 어려운 논문 형식의 블로그 글들이 아니었다. 대안우파에 특유의 젊은 에너지와 해커의 전술을 제공한 건 이미지와 유머에 근간을 두는 포챈 그리고 나중에는 에잇챈8chan이 된 저속한 밈 공장이었다. 2011년 [월가 점령] 시위에 쓰였던 가이 포크스 마스크는 어나니머스라는 해커 단체를 암시한 것으로, 어나니머스라는 이름은 포챈의 안티셀럽 정서에 기반한 리더 없음과 익명성으로 네트워크화된 혼돈스러운 형식으로부터

✤　전 세계적인 온라인 송금·지불 시스템을 운영하는 '페이팔'의 공동 창업자이자 벤처 사업가.

가져온 것이었다. 가이 포크스 마스크가 등장한 〈브이 포 벤데타〉와 '코믹스의 암흑기'는 이 시기 광범위한 온라인문화의 미적 감수성에 상당한 영향을 미쳤다.

논자들은 2010년대 초 인터넷을 중심으로 일어난 시위의 새로운 물결이 지닌 초당파성을 상찬했지만, 리더 없는 수평적 인터넷 중심 정치학의 정치적 무근본성은 더 이상 무턱대고 찬양할 게 아닌 것으로 보인다. 지난 수년간 어나니머스는 일관성 없이 자유지상주의적 좌파와 자유지상주의적 우파 성향의 양극단을 횡단하며 활동했고, 저스틴 비버 팬부터 페미니스트, 파시스트, 사이버보안 전문가에 이르기까지 양극단 사이에 있는 모든 이들의 일거수일투족을 폭로하는 변태적 자경단주의에 매몰되었다.

포챈, 어나니머스 그리고 그들과 대안우파의 관계에서 외견상 모순적인 정치학을 이해하기 위해 중요하게 기억해야 할 것은, 챈chan문화의 점진적 우경화가 정치게시판 / pol/과 그보다는 덜 정치적이지만 항상 극단적이고 혼란스러운 게시판인 /b/를 중심으로 이루어져왔다는 것이다. 그러는 동안 어나니머스오퍼레이션AnonOps IRC에 결집했던 좌파 성향의 '도덕적 호모들moral fags'**은 2010년부터 2012년 사이 어나니머스의 활동과 명성이 절정에 달했을 무렵 어느 정도 국가의 감시와 탄압에 시달렸다. 챈문화에서 자유지상주의적 좌파 성향 요소들이 부재하게 됨에 따라 이미지 게시판에는 공백이 생겼고, 그 자리를 우파 진영 반PC의 자극적인 유머 밈이 대체한 것이다.

포챈은 일본 애니메이션을 공유하는 사이트로 출발했는데, 그 기반은 투챈2chan이라고 하는 애니메이션 공유 사이트였다. 투챈을 기반으로 십 대 청년인 크리스토퍼 풀Christopher Poole(무트moot라는 닉네임을 썼다)이 개설한 사이트가 포챈이다. 사이트 형식에서 풀에게 가장 큰 영감을 준 것은 투챈의 서브포럼 중 하나이자 "아니메 죽음의 촉수물 매음굴Anime Death Tentacle Rape Whorehouse"로 불렸던 '무언가 끔찍한Something Awful'이라는 서브포럼이었다. 2003년 10월에 개설된 포챈은 2011년이 되자 월 75억 회의 페이지뷰를 기록하는 대형 사이트가 되었다. 신규 유입자는 "신호모newfags"로 불리고 오래된 이용자들은 "구호모oldfags"로 불렸다. 포챈은 굉장히 창의적이면서도 큰 영향력을 과시하는 포럼이 되었으며 '한번 보면 잊기 힘든' 유머러스한 만행, 밈과 이미지들로 유명해졌다. 포챈의 분위기는 아주 지독하고도 탄식이 나올 정도로 여성혐오적일 뿐만 아니라 자조적으로 '찐따스

✢✢ fag는 faggot의 약어로, '동성애자'를 비하하는 멸칭이다. '도덕적 호모'는 포챈의 위악스럽고 폭력적인 콘텐츠에 열광하지 않고 관조만 하는 포챈 이용자들이 스스로를 '도덕적'이라며 자찬하는 모습을 경멸적으로 지칭하는 의미로 쓰이며, 한편으로는 포챈 이용자들이 진보적 성향을 보이는 이용자를 경멸조로 칭하고자 사용하는 경우도 있다.

러운nerdish' '베타메일beta male'✦을 자처하는 자기비하의 성격도 굉장히 강하다. [포챈이 공유하는] 대중문화적 시금석으로는 전쟁 테마 비디오게임, 영화 〈파이트 클럽〉과 〈매트릭스〉 등이 있다. 포챈은 회원가입이나 로그인이 필요 없으므로 게시물들은 거의 다 '익명Anonymous'이라는 이름으로 작성되었다.

이러한 익명성의 문화는 이용자들에게 그들이 하는 가장 어두운 생각들을 적나라하게 표출할 수 있는 환경을 만들었다. 기괴한 포르노그래피, 은어, 알아들을 사람만 알아듣는 농담, 잔인한 이미지, 자살·살인·근친강간 충동, 인종차별주의와 여성혐오는 바로 이러한 기이한 가상 실험이 만들어낸 공간의 주요 특징이었으며 이는 대부분 장난스러운 밈으로 소비되었다. 풀에 의하면 포챈은 이른바 "밈 공장"이었고 주류 인터넷문화를 잠식한 수많은 밈들을 만들어냈다. 초기 포챈이 만들어낸 밈들 중 가장 유명한 예로는 고양이 사진들을 가지고 유희하는 롤캣LOLcats, 뭔가 진지하고 흥미로운 링크를 걸어둔 척하면서 [영국의 싱어송라이터] 릭 애스틀리Rick Astley의 〈Never Gonna Give You Up〉 뮤직비디오를 연결하는 릭롤링rickrolling을 들 수 있다.

✦   동물의 세계에서 우두머리 수컷(alpha male)에 비해 열등하고 부차적인 수컷을 뜻하는 말.

포챈/b/ 이용자들은 집단적으로 행동하며 《타임》에서 주관하는 2008년 올해의 인물 온라인 투표 후보에 크리스토퍼 풀을 올리려 했고, 2010년에는 제시 슬로터라는 이름의 열한 살 소녀를 향한 집단적 사이버불링cyber bullying을 개시했다. 제시 슬로터가 카메라 앞에서 갱스터 랩 스타일로 말하는 우스꽝스러운 영상을 올린 이후, 영상을 본 포챈 이용자들이 그의 이름과 주소를 알아내고 유포하며 집단적으로 자살을 권하고 괴롭힌 것이다. 그의 부친이 딸을 보호하고자 "사이버경찰"을 부르겠다고 위협하는 영상을 올린 것은 당연하게도, 사태를 조금도 약화시키지 못했다. [일반 사람들의] 인터넷문화에 관한 이해 부족은 정서적으로 전혀 성장하지 않은 포챈 이용자들의 잔학 행위를 더욱 강화하는 알리바이로 작용할 뿐이었다. '생일 소년 작전Operation Birthday Boy'이라는 이름의 비교적 악의가 없는 집단행동도 있었다. 한 노년 남성이 "생일잔치에 와줄 사람 구함"이라는 온라인 광고를 게시하며 외로움을 호소하자 이에 마음이 동한 포챈 이용자들이 그의 이름과 주소, 전화번호를 찾아내 수많은 생일카드와 케이크, 그리고 스트리퍼를 보낸 일이다.

《뉴욕타임스》의 저널리스트 마타디아스 슈워츠Mattathias Schwartz는 포챈/b/를 다음과 같이 묘사했다.

여행, 운동, 다양한 장르의 포르노 등에 관심이 있는 포챈

의 다른 이용자들은 /b/ 이용자들을 '/b/tards'✦라고 부른
다. 패륜성, 편협함, 매우 빠른 신규 유입과 퇴장의 회전율
등 /b/의 문화는 전례를 찾기가 힘들다. /b/ 게시판은 고등
학교 화장실의 칸막이나 외설적인 폰섹스 광고 혹은 이제
나이가 들어 전혀 이해할 수 없는 비속어와 은어로만 가득
찬 블로그를 보는 기분이다.

대안우파 사이에서 많이 쓰이는 '켁kek'이라는 말은 포챈
에서 유래했으며, 멀티플레이어 게임인 〈월드 오브 워크래
프트〉의 게이머 게시판에서 'lol'✦✦의 대체어로 쓰인다. 맷 퓨
리Matt Furie의 웹툰 〈보이스 클럽Boy's Club〉에서 탄생한 개구
리 페페는 알아볼 사람만 알아보는 특정 집단에 통하는 온라
인 밈 유머의 대표적인 예다. [우연히도] 이집트 신화에는 '켁'
이라는 신이 있고 그는 개구리 얼굴을 한 인간으로 묘사되어
있다. 커뮤니티 내에서 "켁 교단"이라거나 "켁을 찬양하라"
라고 하는 것은 이를 두고 하는 소리다.

허무주의적이고 뭐든지 비꼬는 챈문화가 더 넓은 범위
의 대안우파적 감성으로 확장된 것은 정치적 올바름, 페미니

✦   '사생아'를 뜻하는 bastard 또는 속어적 의미로 '지능 발달이 늦은 사람'을
    뜻하는 retard의 tard를 합성한 말로 추측된다.
✦✦ '큰 소리로 웃다'라는 뜻의 Laugh Out Loud를 축약한 인터넷 은어로, 한
    국의 'ㅋㅋㅋ'와 비슷한 의미로 쓰인다.

즘, 다문화주의 등에 대한 반감 때문이었다. 그들은 이 의제들이 자유로운 삶과 테크놀로지를 영위하는 데 방해가 된다고 믿는다. 페미니즘이나 정치적 올바름 등으로 자신들의 문화에 훼방을 놓는 여성을 향해 집단적으로 공격이 개시된 미국의 초기 사례 중 하나는 테크놀로지 블로거이자 저널리스트인 캐시 시에라Kathy Sierra에 대한 공격이었다. 그는 사우스 바이 사우스웨스트 인터랙티브South by Southwest Interactive✢의 기조연설자였으며 베스트셀러 작가이기도 했다. 당시 이용자 댓글을 검열해야 한다는 그의 주장은 엄청난 반발을 샀다. 현재 댓글 검열은 일반적인 일이 되었지만 당시에는 그런 주장이 인터넷의 절대적 자유에 근거한 자유지상주의의 해커 윤리를 훼손하는 것으로 여겨졌다. 캐시 시에라의 블로그에는 엄청난 수의 협박성 댓글이 달렸고, 이때 난무했던 온갖 강간 살인 위협은 오늘날 여성들을 향한 사이버불링의 원형이 되었다. 온라인에는 그의 가족에 대한 것이나 집 주소 등 개인정보가 유포되었고 그의 얼굴은 온갖 이미지들에 합성되어 잔뜩 게시되었다. 게시된 이미지는 목에 올가미가 매여 있거나 과녁에 얼굴이 새겨져 있거나 여성용 속옷으로

✢ 1987년 텍사스주 오스틴에서 소규모 음악 축제로 시작해 그 규모가 커지고 연례 문화 융복합 축제로 거듭나면서 현재는 음악, 영화, 인터랙티브 부문으로 나뉘어 진행되고 있다. 인터랙티브 부문은 새롭게 개발되는 미디어 테크놀로지에 초점을 맞춘다.

입에 재갈이 물려 있는 식이었다. 너무나 끔찍한 공격들에 그는 블로그를 폐쇄하고 모든 공적 업무에서 손을 떼야만 했다. [훗날] 그가 블로그를 통해 공적 삶에서 물러날 수밖에 없었던 이유를 설명하며 스토커들이 [온라인에서 행한] 위협을 실제 행동으로 옮길 수도 있다는 두려움을 느꼈다고 밝혔을 때, 그를 향한 새로운 증오의 물결이 [또 한 번] 출렁였다.

위브weev라는 활동명의 해커 앤드루 아우언하이머Andrew Auernheimer는 시에라를 겨냥한 집단공격을 선동한 트롤 중 하나로 유명하며, 시에라가 가정폭력의 피해자이자 전직 매춘부라는 거짓 정보를 유포한 바 있다. 2009년 위브는 아마존 시스템에 침입해 동성애 관련 서적을 포르노로 분류했다고 주장하기도 했다. 그는 한때 월가 점령 운동의 일원이었으며 현재는 유튜브를 통해 주기적으로 유대인 혐오, 동성애 혐오 발언을 게시하고, 가슴에 스와스티카 문신을 새긴 채 미국게이검둥이연합Gay Nigger Association of America이라는 트롤 집단의 의장을 자처한다. 이러한 일련의 활동은 '진정한' 인터넷문화를 파괴하는 것으로 간주되는 대중적 블로그 및 기타 주류 감성적 활동에 대한 저항을 표방한다. 시에라는 이 같은 사태의 진행에 대해 다음과 같이 말한 바 있다. "내가 당했던 일들은 오늘날 여성들이 온라인에서 당하는 일들에 비하면 아무것도 아니다. 시간이 지나면 괜찮아질 거라 생각했지만 대부분 더 나빠지기만 했다."

물론 일찌감치 온라인 공간과 댓글창에는 기겁할 만한 수준의 여성혐오가 난무하기 시작했지만, 온라인의 극단적 여성혐오가 주요 논쟁거리로 떠오른 계기 중 하나는 헬렌 루이스Helen Lewis가 페미니스트 저술가들을 인터뷰하고 그들의 경험을 드러낸 글을 《뉴스테이츠먼》에 실은 것이었다. [그 인터뷰에서] 페미니스트 블로거이자 활동가인 캐스 엘리엇Cath Elliot은 다음과 같이 말했다.

인터넷에 글을 쓰기 시작한 2007년부터 폭력적인 댓글의 수를 모두 세려고 했다면 지금쯤 아마 어디까지 셌는지도 잊어버렸겠죠. 폭력적인 댓글이란 단지 제 의견에 대한 비난을 말하는 게 아닙니다(기억하세요, 저는 노동조합에서 활동했고 남자 교도소에서도 일한 적이 있어요. 제가 무슨 시답잖은 농담이나 열띤 논쟁에 상처받는 온실 속 화초 같은 사람이 아니란 얘기죠). 제가 말하는 폭력적인 댓글이란 사적 감정이 담겨 있고 대개 성적인 폭력이며, 지금 내가 하는 일이 정말 이런 일까지 감당할 가치가 있는 걸까 수차례 회의하게 만드는 그러한 공격을 말합니다. …… 강간을 하기에는 너무 못생겼다거나 신체에 있는 몇 개 구멍에 어떤 물건을 어떻게 꽂아 넣을 것인지 세세하게 묘사하는 글을 읽은 적도 있어요.

또 다른 페미니스트 블로거 돈 포스터Dawn Foster는 이렇게 말했다.

제가 경험한 최악의 온라인 학대는 블로그에 [위키리크스 대표] 줄리언 어산지Julian Assange 송환에 관한 글을 썼을 때예요. …… 처음 봤을 때는 너무나 충격적이었습니다. 일주일도 지나지 않아 집 주소와 전화번호, 직장 위치가 포함된 광기 어린 협박 메일을 받았죠. 한번은 트위터에 야간버스를 오랫동안 기다리고 있다고 쓴 적이 있는데, 어떤 사람이 제가 정류장에서 강간당하길 바란다는 댓글을 달았더군요.

페미니스트 섹스 칼럼니스트 페트라 데이비스Petra Davis는 이렇게 말했다.

집으로 협박 편지가 오기 시작했을 때 경찰에 신고했지만 돌아온 건 도발적인 글을 그만 쓰라는 조언이었어요. 얼마 지나지 않아 이메일 한 통을 받았는데, 저를 성노동자로 광고하는 웹사이트로 연결하는 것이었습니다. 광고에는 집 주소와 함께 "그녀가 비명을 지를 때까지 강간해주세요, 더러운 창녀, 내 보지를 열어젖히고 밤새도록 강간해줘"라는 말이 쓰여 있고 신체가 성적으로 훼손된 여성의 사진이 있었어요. 화면에 비치는 이미지들을 조용한 방에 혼자 앉아 바라보면서, 한 여성에게 가해진 폭력이 다른 여성에게 교훈을 주기 위한 거라고 생각하니까 기분이 너무나 이상하더군요…… 그 페이지를 없애는 데 오랜 시간이 걸리진 않았지만 그때쯤엔 그런 발상 자체가 너무나 역겹고 완전히 질려버려서 결국 성에 대한 글쓰기를 중단했습니다.

이러한 유명 페미니스트 작가들을 향한 집단공격은 넓게 잡아 대안우파로 묶일 수 있는 이질적인 집단들(전통적인 남성우월주의자들과 반페미니즘 온라인 하위문화의 신남성우월주의자들)이 교차하는 하나의 지점이었다. 이들은 대체로 서구 남성성의 쇠퇴를 우려하며 몇몇은 '자신의길을가는남자들Men Going Their Own Way, MGTOW'과 같은 남성분리주의를 옹호하는 한편, 어떤 이들은 보다 공격적인 사회다원주의적 관점으로 픽업 아티스트pickup artist✤의 기예로서의 '여자사냥'을 권장한다. 하지만 이러한 새로운 형태의 분산되고 혼란스러운 하위문화 집단을 대중화하고 주류로 끌어올린 존재는 따로 있는데, 바로 대안우파의 가장 바깥 궤도에 있는 이들, 즉 알트라이트다. 알트라이트 범주에 속하는 이들에는

✤　성적으로 끌리는 상대를 '유혹하는(pick up)' 일을 하나의 직업처럼 '전문적으로' 행하고 그 방법을 일정한 금액을 대가로 '전수'하는 일군의 '기술자(artist)'들을 가리킨다.

마일로 이아노풀로스를 비롯해 당당한 남성성을 위한 가이드《고릴라 마인드셋Gorilla Mindset》을 쓴 트위터·블로그 스타 마이크 세르노비치Mike Cernovich, 전《바이스Vice》편집장 개빈 매키니스Gavin McInnes, 그리고 일관된 보수적 사상이나 정치적 신념 따위는 없다시피 하지만 일반적인 미적 감성에 대한 반감과 반PC적 충동은 공유하는 포챈 스타일의 배설게시물shitpost 게시자들과 페페 밈을 만들며 유희하는 게이머들이 있다. 우리가 오늘날 대안우파라고 부르는 것은 사실상 서로 반≠독립적으로 성장했으나 최근 몇 년 동안 진행된 일련의 문화전쟁을 거치면서 폭발적인 반PC적 문화정치의 깃발 아래 연합한 여러 갈래의 과격파들을 통칭한다. 포챈과 연계된 저속한 트롤링 양식은 텀블러와 같은 여초 소셜미디어에서 성장하던 정체성 정치에 대한 반동으로 인기를 끌었다. 이는 '안전 공간safe space'**을 중심으로 캠퍼스 정치가 강화되는 가운데 '트리거 워닝trigger warning'*** '게이머게이트gamergate' 등 많은 논쟁을 촉발하며 마침내 '실생활'에까지 흘

❖❖ 2000년대 들어 미국 대학에서는 문학, 영화, 예술작품 등을 가르칠 때 성폭력이 묘사되거나 소수자 집단에 대한 혐오표현이 있으면 특정인의 트라우마를 자극하고 심적 불안을 야기할 수 있다는 이유로 사전에 경고하고 그것을 보거나 듣고 싶어 하지 않는 학생이 있으면 수업 중 강의실에서 이탈해도 불이익을 줘선 안 된다는 주장이 제기되었고, 이를 둘러싼 열띤 논쟁이 벌어졌다. 안전 공간은 맥락을 불문하고 수업시간에 언급될 수 있는 혐오표현이나 폭력적 묘사 일체로부터 학생들이 보호받아야 한다는 문제 제기에 관련한 논쟁 전반을 통칭한다.

러 들어갔다.

게이머게이트 사태에 대해 다시 읽는 것도, 다시 거론하는 것도 이제는 몸에서 영혼이 빠져나가기라도 하는 것처럼 지치는 일이다. 비디오게임이 아니라 대학살 사건에 대한 반응이었다고 해도 믿을 정도로 엄청난 감정적 소요가 일어나고 온갖 폭로와 거짓 선동, 증오 캠페인, 분열이 난무했던 것이 게이머게이트다. 어쨌든 게이머게이트를 모르는 사람을 위해 간단히나마 소개를 해야겠다. 어떻게 정리하든 양쪽 진영 모두 불만스럽겠지만 말이다. 시에라가 겪었던 일과 비슷하게, 게이머게이트 사태의 예고편 격으로 페미니스트 게임 비평가 어니타 사키지언Anita Sarkeesian이 수년간 지속된 증오 캠페인의 타깃이 된 일이 있었다. 이 증오 캠페인에는 수십만 명이 연루되었고 그에게 쏟아진 독설들은 게임에 별 흥미가 없는 사람들로서는 도저히 이해할 수 없을 정도로 수위가 높았다. 사키지언의 혐의는 지극히 온건하고 점잖은 태도로 페미니즘적 미디어비평의 기초 개념을 소개하는 유튜브 영상을 제작한 것이었다. 검열보다 개선을 추구하는 비평가이자 한 사람의 게임 팬인 그가 전개한 비평의 논조는 문학비

❖❖❖ 직역하면 '방아쇠 경고'로 옮길 수 있다. 안전 공간에 대한 역주에서 설명한 것처럼 트라우마를 자극하거나 심적 불안을 야기하는 어떤 것의 언급을 '방아쇠를 당기는' 행위에 빗대어 '트리거'라고 부르는 데서 기인한 표현이다. '트리거 워닝'이란 그러한 트리거가 있을 수 있음을 알리는 사전 경고를 의미한다.

평이나 영화비평에서라면 지극히 평범하다고 간주될 수준이었다. 문학이나 영화의 수용자와 비평가는 대개 논쟁에 익숙하며 문명화된 성인의 담론이 어떠해야 하는지 비교적 잘 알고 있다. 어느 오래된 할리우드 고전의 영화사적 가치를 폄훼하지 않으면서 그 영화의 성차별주의적 요소를 지적할 수 있고, 이러한 의견에 곧바로 강간 살인 협박을 날리지 않으면서 반박할 수 있다는 이야기다. 사키지언의 영상에는 비디오게임을 검열해야 한다거나 판매 금지 조치를 내려야 한다는 주장이 전혀 없었다. 그의 비평은 **몇몇** 비디오게임에 나타나는 시대착오적인 여성 인물의 재현을 지적하는 정도였고 이는 찰리 브루커Charlie Brooker나 마크 커모드Mark Kermode 같은 대중문화비평가에게서도 기대할 수 있는 온건한 수준이었다.

이렇게 [페미니즘적 미디어비평을 소개하는 온건한 유튜브 영상을 제작했다는] 용납 불가능한 죄를 저지른 탓에, 사키지언은 수년간 입이 벌어질 만큼의 끔찍하고 악에 받친 사적 공격을 받았다. 온라인 댓글의 전형적인 예는 "너를 강간하고 네 대가리를 막대기에 꽂을 거야" "남자들 다섯 명이 당장 저년을 강간하면 재미있을 텐데" "네 얼굴에 대고 격렬히 딸치는 중" 따위가 있었고 포챈에서 흔히 보이던 유행어인 "가슴 안 깔 거면 꺼져"라는 댓글도 있었다. 그의 위키피디아 페이지는 증오 가득한 메시지와 포르노 이미지로 뒤덮였고 그의 모든 소셜미디어 계정을 스팸 계정이나 가짜 계정, 심지어는 테러리스트 계정으로 신고하는 집단행동도 이어졌다.

디도스 공격으로 그의 이메일과 웹사이트를 해킹하려는 움직임도 있었다. 비디오게임 캐릭터가 그를 강간하는 포르노 이미지들이 만들어졌고, 한 남성 게이머는 사키지언의 얼굴을 멍이 들고 피가 나고 눈이 부어오를 때까지 구타하는 게임을 만들기까지 했다. 지금도 유튜브에서 어니타 사키지언을 검색하면 집착적으로 그에 대한 증오를 표하며 평판과 커리어를 파멸시키기 위해 온갖 애를 쓰는 수많은 영상을 볼 수 있을 것이다. 이러한 공격은 바로 이 같은 폭력 때문에 그가 진행한 크라우드펀딩이 당초 목표치보다 훨씬 높은 금액의 후원금을 모금했다는 사실 때문이었다. 잊지 말자. 이 모든 일은 사키지언의 주장이 얼토당토않은 소리이며 성차별은 **결코** '게임 커뮤니티'의 문제가 **아니라고** 반박하기 위해 일어났다는 사실을 말이다.

유즈넷Usenet✛문화에서 기원했으며 포챈 이용자들이 즐겨 쓰던 디도스 공격과 좌표 찍기doxxing(타깃이 되는 사람의 개인정보를 유출하여 집단적으로 괴롭히는 것)는 반페미니스트 게이머들의 주요 공격 수단이 되었다. 이러한 반페미니스트 진

✛ 월드와이드웹(www)이 활성화되기 전인 인터넷 초창기에 사용자들이 정보, 소식, 의견 등을 주고받았던 수평적인 네트워크 시스템. 오늘날 인터넷 게시판의 원형이라고 할 수 있다.

영을 주 이용자로 삼는 게임들은 대체로 전쟁과 폭력, 테크놀로지를 미화했다. 한편 게이머게이트 사태 직전까지 몇 년 동안 여성을 공략한 게임 시장은 성장세였다. 〈캔디크러시〉 같은 게임이 대표적인 경우인데, 〈월드 오브 워크래프트〉를 낯설어하는 십 대 여성들을 겨냥한 이 게임은 스스로를 '진정한 게이머'라고 주장하는 사람들에게 유난히 이유 모를 미움을 받았다. 게이머게이트 사태는 [인디 게임 개발자] 조이 퀸Zoe Quinn이 [우울증을 간접적으로 체험할 수 있는] 〈디프레션 퀘스트Depression Quest〉라는 게임을 제작한 데서 시작됐다. 게임에 별 관심이 없는 나 같은 사람에게는 페미니즘을 내세우며 취약함과 정신질환을 물신화하는, 최근 온라인 유행의 시류를 따른 불쾌한 게임 정도로 다가온다. 우울증을 주제로 한 이 게임은 게이머들이 SJWSocial Justice Warriors**에 반감을 드러냈던 그 모든 것의 완벽한 패러디였다고도 할 수 있다.

어쨌든 이 불쾌한 게임은 [조이 퀸과] 정치적으로 동조적이었던 인디 게임 저널리스트들에게 호평을 받았고, 이는 게이머게이트라는 거대한 사건의 도화선이 되었다. 게이머게이트는 누구에게 묻느냐에 따라 게임 저널리즘의 윤리를 둘

** '사회정의의 투사들'로 직역되며, 정치적 올바름에 민감한 감수성을 바탕으로 부적절하다고 판단하는 미디어 콘텐츠나 타인의 발언 등에 가차 없이 비판을 가하는 사람들을 조롱과 경멸의 의미를 담아 지칭하는 말이다. 한국에서는 비슷한 의미로 '프로불편러'라는 말이 쓰인다.

러싼 논쟁이 되기도 하고, 감히 게임계에 발을 들이려 하는 여성과 페미니스트를 공격하는 구실이 되기도 한다. 우선 게임에 대한 나의 입장부터 분명히 밝혀야겠다. 나는 성인이라면 감정적 에너지는 다른 곳에 쏟는 것이 좋다고 생각한다. 이른바 페미니즘적 게임도 내게는 페미니즘적 포르노와 별반 다르게 느껴지지 않는다. 매력이 전혀 느껴지지 않는다는 말이다. 그러나 이 게임이 게임계를 보다 페미니즘 친화적으로 바꾸려는 이데올로기적 프로젝트라고 주장한 우호적인 편견의 리뷰가 불러일으킨 여파가 얼마나 터무니없었는지는 알 수 있을 것이다. 조이 퀸의 게임을 좀 불편하게 느꼈다고 해도 인간의 기본적인 행동 규범을 이해하는 사람이라면 말이다. 게이머게이트는 아마도 인터넷 역사상 가장 거대하게 불타오른 전쟁이었다고 할 수 있을 것이며, 모두가 서로를 향한 악의를 품은 채 서로가 거짓말을 한다고 우겨대는 거대한 스케일의 과민 반응이었다.

퀸의 전 남자친구인 에론 조니Eron Gjoni는 한 포럼에 퀸이 자신을 속이고 바람을 피웠다는 내용의 글을 올렸다. 퀸의 주장에 따르면 이 글을 계기로 안티들은 집단적으로 퀸의 가족과 직장 동료들에게 불법 촬영 영상물을 보냈고 그의 여러 계정을 해킹하기 시작했다. 말할 것도 없이 강간 살인 위협이 난무했으며 좌표가 찍혔다. 그들의 공격은 브리아나 우Brianna Wu, 펠리시아 데이Felicia Day, 제니퍼 올어웨이Jennifer

Allaway 등 논쟁에 참가한 다른 페미니스트 게이머와 게임비평가들에게도 뻗쳤다. 이들이 받은 수많은 위협과 공격의 성격은 다양했지만 그중에서 가장 약한 것만 보더라도 아마 인터넷 이전 시대라면 아동 살해범 같은 극악무도한 범죄자들이나 받았을 법한 수준이었다. [비방과 공격이] 너무나 걷잡을 수 없어진 나머지 포챈의 설립자이자 인터넷 익명성의 옹호자인 크리스토퍼 풀마저도 포챈에서의 게이머게이트 언급을 금지했고, 이는 결국 그가 포챈 관리인 자리에서 물러나는 이유가 되기도 했다. 이후 게이머게이트 참전자들은 더극단적인 무법지대인 에잇챈으로 활동지를 옮겼다.

퀸은 포챈의 채팅방 'burgersandfries'*에서 있었던 대화록을 발견하고 기록했다. 이 채팅방에서 포챈 이용자들은 상상할 수 있는 가장 극단적인 여성혐오적 메시지와 도발로 그의 커리어를 망칠 계획을 세우고 있었다. 이들은 그곳에서 퀸을 향한 증오와 혐오를 표현했고, 그의 커리어를 망칠 수 있다는 생각에 흥분해 있었다. 또한 그가 강간당하고 살해되는 모습을 상상하며 그것을 공유했다. 그렇게 지속적으로 괴롭힌다면 결국 퀸 스스로 생을 마감하리라고 기대했고, 그런

✱　'Burgers and fries'는 성폭력에 관련된 인터넷 은어다. 인터넷 은어 전문위키 사이트인 어반딕셔너리(Urban Dictionary)에 따르면, 이 은어는 파이브가이스(Five Guys)라는 햄버거 프랜차이즈의 이름에 착안해 다섯 명의 남자가 한 명의 여자를 윤간한다는 의미로 쓰인다.

일이 일어났을 때 포챈이 받을 나쁜 평판에 대한 우려만이 제동을 걸 따름이었다. 그들은 퀸의 얼굴을 합성한 누드사진을 유포했고, 그 사진들을 모은 아카이브의 링크를 퀸의 옹호자들에게 보냈다. 퀸의 가족은 물론이고 어떤 식으로든 퀸과 관계가 있는 사람들의 정보를 캐내려고 했으며 어떤 이는 퀸의 열세 살 때 사진을 찾아내 유포하기도 했다. 이들은 게임 저널리즘 윤리에 너무나 헌신적이었던 나머지 퀸의 질이 "열두 명의 음경이 한꺼번에 들어갈 수 있을 만큼 넓다"느니 "보지 안에 썩은 치즈가 가득 차 있어 점액이 뚝뚝 떨어져 나온다"느니 하며 그 냄새가 어떠할지에 관한 열띤 토론을 벌였다.

저명한 게임 저널리스트 젠 프랭크Jenn Frank는 《가디언》에 게재한 〈비디오게임계에 종사하는 여성을 공격하는 법〉이라는 글에서 당시 진행 중이던 집단괴롭힘에 대해 서술했다. 그는 이 글을 통해 남성이 절대다수인 현장에서 근무하는 여성이 받는 트롤들의 공격 방식을 강조했다.

…… 최근 누군가가 알 수 없는 이유로 내 이메일 계정과 휴대전화를 해킹하려 했다. 지금 이 글을 쓰는 것도 두렵다. 공포에 질려 있는 한 내가 이 문제를 편향적으로 볼 수밖에 없다는 사실을 먼저 밝혀야겠다. 나는 (늘 완벽하지는 않았던) 지난 9년의 세월 대부분을 게임산업에 종사하

면서 단 한 번도 내가 완벽한 사람이라고 말한 적이 없다. 하지만 이제는 그런 괴롭힘이 결코 '평범'하고 '용인될 수 있는' '당연한' 일이 되어서는 안 된다는 내 신념이 '맙소사, 도대체 저러는 이유가 뭐지? 제발 나만은 당하지 않았으면'이라는 생각과 부딪치고 있다. 비디오게임과 동료들, 그리고 내 직업에 대한 나의 무조건적인 사랑은 내가 겪고 있는 공포와 충돌하고 있다.

게임 작가 제니퍼 헤플러Jennifer Hepler 또한 공격을 받았다. 그는 트위터에서 수백 건의 폭력적인 메시지를 받았으며 메시지에는 그를 "돼지 쌍년"이라 부르고 협박하는 등의 내용이 담겨 있었다고 말했다. [또 다른] 여성 게임 작가 펠리시아 데이는 남성 게임 저널리스트들로부터 단지 눈요기를 위해 고용된 사람이라고 폄하되었고, 이에 페미니스트 게이머들이 항의했다. [게임 뉴스를 다루는 웹사이트 '코타쿠' 소속] 게임 저널리스트 퍼트리샤 허낸데즈Patricia Hernandez는 포챈에 대해 "여성혐오의 결정체"라고 표현해 포챈 이용자들의 이목을 끌었다. 드라마티카 백과사전Encyclopedia Dramatica✤에는 포챈 이용자들이 그러한 코멘트에 영감을 받아 만든 밈으로

✤ 풍자를 위해 만들어진 오픈 백과 사이트로, 누구나 편집할 수 있도록 개방되어 있다. 혐오표현 여부나 사실관계 왜곡 등에 대한 제재나 관리가 전혀 이뤄지지 않는다.

가득한 인물 소개란이 있다. 그곳에서 퍼트리샤 허낸데즈는
다음과 같이 소개되어 있다.

> 제이 레노의 턱과 소시지 같은 손가락을 가진 뚱땡이 밀입
> 국자 '게임 저널리스트'이며 코타쿠에서 근무한다. 코타쿠
> 는 게임 디자이너들이 좋은 리뷰와 평판을 얻기 위해 칼럼니
> 스트와 잠자리를 하는 게 일상적인 곳으로 악명이 높다. 퍼
> 트리샤는 레즈비언이자 페미나치로 유명하며, 코타쿠의 전
> 통을 따라 여러 게임이 강간을 독려한다거나 말 그대로 여성
> 게이머들을 강간한다는 기사를 수없이 양산한다. 그녀가 철
> 저히 지키는 코타쿠 '저널리즘'의 또 다른 전통은 족벌주의
> 이며, 퉁퉁한 손가락으로 쓴 기사들이 죄다 동거녀에 관한
> 것인 이유도 바로 그 때문이다.

더 자세히 살펴볼 필요도 없이, 이쯤 되면 이러한 집단
폭력 사태에서 어떤 논쟁과 거짓 선동이 있었는지 전부 검토
하는 것은 불가능하다는 사실을 알아챘을 것이다. 이 광기의
중요한 특징은 다양한 온라인 집단을 결집하고, 챈문화의 전
술을 온라인 우파를 넘어서까지 퍼뜨리는 데 기능했다는 것
이다. 게이머게이트는 게이머들, 챈문화의 극우주의자들, 반
페미니즘과 온라인 극우를 주류 담론장으로 끌어들였고 대
체로 남성으로 이루어진 다양한 청년 집단을 정치 세력화하

여 문화적 좌파와의 문화전쟁에 맞서는 전술을 조직화하는 구심점이 됐다. 이러한 정치 세력화는 정치적 올바름에 비판적인 사람들부터 페미니스트 문화 십자군의 과도함을 염려하는 사람들까지를 망라했다. 이에 페미니즘 내부의 잘못된 통계를 폭로하겠다는 영상 시리즈인 '팩트에 기반한 페미니스트The Factual Feminist'를 제작한 전통적 리버럴 크리스티나 호프 소머스Christina Hoff Sommers가 합류했다. 점잖고 온건한 소머스를 비롯해 정치에 무관심한 게이머들, 〈사우스파크〉 보수주의자들, 포챈 이용자들, 반페미니즘 강경파가 가세했고, 전통 보수주의의 도덕적 유산을 전혀 계승하지 않은 채 정치적 극우 성향으로 기울어가는 청년들이 달려들었다. 마일로 이아노풀로스는 게이머게이트에 편승하며 (비참한 말로가 예정된) 커리어를 쌓고 전국적인 셀러브리티의 지위를 확보했다. 페미니즘 운동의 재부상이 근본적으로 문화를 변화시키려 한다는 게이머게이터들의 인식만큼은 정확했고, 이에 대항하고자 그들이 선택한 전선은 애정해 마지않는 게임이었다. 이 전쟁은 이후 더 많은 대중적 관심을 끄는 이슈들로 옮겨갔지만 게임이야말로 젊은 층의 온라인 세대를 문화전쟁의 전선으로 끌어들인 결정적인 이슈였다.

어나니머스, 포챈 등의 문화는 게이머게이트 이전 월가 점령 운동 시절에 다른 방향으로 나아갈 수 있었다. '덕후 대 페미니스트'라는 대결이 벌어지기 한참 이전에 자유지상주의 좌파 진영은 그들만의 전문 해커, 컴퓨터 전문가, 인터넷 중심의 정치적 전통을 가지고 있었고 초기 어나니머스도 이들로부터 영향을 받았다. 하킴 베이Hakim Bey의 '일시적 자율 지대Temporary Autonomous Zone' 사상은 그가 "해적 유토피아"라 일컬은 것에 근간을 두며, 그는 문화나 정치를 안정적으로 고정시키려는 모든 시도가 반드시 개인의 창조성을 억압하는 구조적 체계로의 퇴화를 수반한다고 주장했다. 그의 언어와 사상은 무정부주의, 그리고 나중에는 불법 다운로드, 익명성, 해킹, 비트코인 같은 실험들을 독려하는 온라인문화에 영향을 미쳤다. 존 페리 발로John Perry Barlow의 선언문 〈사이버스페이스 독립 선언〉의 메아리는 초기 어나니머스에 그 흔적을 남겼고 [인류학자] 가브리엘라 콜먼Gabriella Coleman의 급진적이고 수평주의적인 정치학 연구에서도 발로의 흔적을 발견할 수 있다. 발로는 전자프런티어재단Electronic Frontier Foundation의 창립자 중 한 명이자 무정부주의 해커였으며 온라인 세상에서의 독점, 자본주의적 통제, 국가 개입에 대항하는 활동가들의 옹호자였다. 포챈과 어나니머스의 레토릭("우리는 군단이다")과 비슷하게, 〈사이버스페이스 독립 선언〉은 다음과 같이 경고했다.

산업 세계의 정부들, 살과 철로 이루어진 지겨운 거인들이여. 우리는 영혼의 고향, 사이버스페이스에서 왔다. 미래의 이름으로 과거의 당신에게 명하건대 우리를 내버려둬라. 당신은 우리에게 환영받지 못한다. 우리의 영토에는 통치권이 존재하지 않는다.

하지만 이러한 리더 없는 익명의 온라인문화는 기대와 다르게 거대한 은유로서 서구 남성성의 좌절과 실패에 대한 유난스럽고 어두운 집착으로 변해갔으며 이 집착은 종종 '실생활'의 사건으로도 나타났다. 2015년 10월 1일에 올라온 포챈 게시물 중에는 다음과 같은 글이 있었다.

우리 같은 사람들이 처음으로 미국의 심장부에 공포를 불어넣었다. …… 이건 시작에 불과하다. 베타의 반란은 이제 막 이 올랐다. 머지않아 더 많은 우리 형제들이 들고일어나 이 혁명의 순교자로 나설 것이다.

이처럼 극적이며 영화 대사를 연상케 하는 표현은 온라인에서 흔히 볼 수 있다. 포스트모던하고 과장된 어조의 소격효과는 그 진의의 해석을 불필요한 것으로 만들며 이에 따라 어떤 '인싸'가 그것을 진지하게 해석하려 하면 으레 비웃음을 산다. 하지만 위의 글은 실제 사건을 두고 쓰인 것이었다. [2015년 10월 1일] 크리스 하퍼머서Chris Harper-Mercer라는 이름의 젊은 남성이 오리건주 로즈버그에 위치한 엄프콰 커뮤니티 칼리지에서 총기난사로 학생 아홉 명을 사살하고 아홉 명에게 중상을 입힌 뒤 자살하는 사건이 발생했다. 사건이 일어나기 하루 전날 밤, 포챈의 /r9k/ 게시판에는 미국 북서부에 있는 학교에 다니는 사람은 내일 학교에 가지 말라고 권고하는 글이 올라왔다. 해당 글의 첫 댓글은 "드디어 베타의 반란이 시작되는 건가?"라는 것이었고 다른 댓글들은 익명의 게시자를 강하게 격려하며 총기난사에 참고할 만한 팁을 전수했다.

2014년에는 한 익명의 포챈 이용자가 자백의 글과 함께 발가벗겨진 채 교살된 것으로 보이는 한 여성의 시체 사진 몇 장을 올린 일이 있었다.

직접 해보니까 영화에서 보던 것처럼 사람을 목 졸라 죽이는 게 쉬운 일이 아니더라. …… 학교에 있는 이 여자의 아들이 곧 집으로 돌아올 거야. 엄마를 발견하면 경찰에 신고하겠지. 잡히기 전에 그냥 이 사진을 보여주고 싶었다. 꽤 그럴싸해 보이는 비비탄 총을 챙겼어. 경찰들이 오면 꺼내려고. 그럼 바로 나를 쏘겠지. 구라라고 생각해도 상관없어. 이따 뉴스나 보라고. 이제 핸드폰을 버려야겠다.

경찰은 이후 사진 속 여성 피해자가 앰버 린 코플린Amber Lynn Coplin이라는 것을 확인했다. 그의 남자친구 데이비드 마이클 칼락David Michael Kalac은 짧은 추적 끝에 체포되고 살인 죄로 기소됐다.

반PC로 점철된, 금기를 깨버리는 포챈의 문화가 결코 그저 '웃자고' 하는 문화가 아니라는 걸 드러내는 사례는 더 있다. 2015년 11월 미니애폴리스에서는 흑인 민권 운동Black Lives Matter 시위자 다섯 명이 살해되는 사건이 있었다. 사건이 일어난 뒤, [포챈에] 눈과 입을 제외한 얼굴 전부를 가리는 모자를 뒤집어쓴 두 명의 남성이 시위 현장으로 차를 몰고 가며 촬영한 영상이 올라왔었다는 사실이 밝혀졌다. 영상에서 그들은 "/pol/ 이용자들에게 먼저 알려주고 싶었다. …… 백인 만세"라고 말했다.

불과 몇 년 전까지만 해도 좌파 사이버유토피아주의자들은 '분노가 네트워크가 되었다'고 주장하며 제도권의 전통적인 미디어는 더 이상 정치를 통제할 수 없고, 리더 없는 이용자 생산 소셜미디어에 기반한 새로운 공론장이 성장할 것이라고 말했다. 이들이 말한 그 네트워크라는 것이 분명 만들어지긴 했다. 하지만 이는 좌파가 아니라 우파가 권력을 잡는 데 일조했다. 자발적이고 수평적인 인터넷 중심의 네트워크를 물신화하며 그 외 다른 형태의 정치 행위를 모두 구태의 것으로 폄하했던 좌파는 '리더 없음'은 단지 형식일 뿐이며 그것이 철학적, 도덕적 혹은 개념적 내용에 관해서는 전혀 말해주는 바가 없다는 것을 눈치채지 못했다. '리더 없음'의 진공에서는 무엇이든 나타날 수 있었다. 한때 예브게니 모로조프Evgeny Morozov✢가 경고했듯 어떤 운동이 얼마나 네트워크화되어 있든 얼마나 '위반적'이든 소셜미디어 친화적이든 비위계적이든 간에, 역사의 어느 순간에나 결국 가장 중요한 것은 그 내용이다. 온라인 환경은 이견의 여지 없이 비주류의 사상과 운동이 [공론장에] 영향력을 행사할 정도로 빠르게 성장할 수 있게 만들었다. 이는 대체로 진보적 성격을 띠었던 탓에, 정치적으로 좌파에 동조적인 비평가들은 인터넷을 이른바 '역사의 종언'을 초월하는 새롭고 매혹적인 첩경으로 보고자 했다. 그러나 우리가 목격한 것은 이러한 리더 없는 형식이 그 어떤 이데올로기의 표현으로도 나타날 수 있다는 사실, 일견 이치에 맞지 않는 것처럼 보일지라도 극우주의의 표현으로도 나타날 수 있다는 사실이었다.

✢   벨라루스 출신의 저명한 인터넷비평가이자 연구자이며, 인터넷 기술 낙관
    론을 강하게 비판한다.

증오와 조롱을 합리화하는 법

2

위반의
온라인 정치학

1960년대 이후로 서구 사회자유주의social liberalism에서 위반은 하나의 덕목으로 받아들여졌다. 이는 벨 훅스bell hooks의 [1994년] 저서 《벨 훅스, 경계 넘기를 가르치기Teaching to Transgress》와 같은 책에서도 감지할 수 있다. 키런 카셀Kieran Cashell은 예술비평계에서 위반의 덕목이 너무나 강조된 나머지 현대 예술비평가들이 딜레마에 처하기까지 한다고 말했다. "무조건적으로 위반을 찬양하거나, 비판적 보수주의의 혐의를 받고 꼰대 비평가로 폄하될 위험을 감수한 채 그러한 경향을 비판하는 것" 중 하나를 선택해야 한다는 것이다. 위대한 미술비평가 로버트 휴즈Robert Hughes가 종종 고지식한 비평가로 폄하되었던 것처럼 말이다. 카셀은 현대 예술에서 위반에 부여된 가치에 방점을 두며 다음과 같이 말했다. "비합리적인 것을 추구하면서, 예술은 부정적이고 고약하고 허무주의적인 것이 되어갔다." 문학비평가 앤서니 줄리어스 Anthony Julius도 "위반에 대한 현대 담론의 무분별한 옹호"의 문제를 지적했다.

오늘날 온라인에서 드러난 새로운 우익의 감수성이 구식 우파와 다를 바 없으며 따라서 새삼스럽게 생각하거나 관심을 줄 필요가 없다고 하는 주장은 틀렸다. 계속해서 바뀌고 있기는 하지만, 새로운 우익 감수성이 사람들의 관심을 끌기 시작한 초기 단계에서 반문화와 위반, 저항정신의 미학을 흡수한 능력은 그것이 발산하는 매력의 본질과 그들이 적대하는 제도권 리버럴 세력에 대해서도 드러내는 바가 많다. 새로운 온라인 우파를 이해하려면 정통 우파에서 공통점을 찾기보다 차라리 1968년 좌파의 슬로건인 '금지를 금지하라'와 접점을 찾는 편이 유의미할 것이다. 나는 새로운 우파의 감성을 여타의 우익 운동이나 보수주의 혹은 자유지상주의의 일부로 해석하는 것과 거리를 둔다. 그 대신 페페 밈을 올리는 인터넷 트롤들과 온라인 위반 행위의 스타일이 18세기 사드의 저작에서 19세기 파리의 아방가르드와 초현실주의, 전후 미국의 여성화된 순응주의에 대한 저항과 영화비평가들이 1990년대의 '광란의 남성 영화'라고 부른 〈아메리칸 사이코〉〈파이트 클럽〉과 같은 영화들까지를 관통하는 어떤 전통을 따른다고 주장하고자 한다.

마일로 이아노풀로스는 온라인 우익의 새로운 물결을 가로질러 사람들을 응집시키는 '트롤스러운' 감성을 묘사하는 데 '위반적transgressive'이라는 수사를 가장 선호했다. 그는 소위 보수주의자의 주장이라고는 믿기 어려운 발언들을 종종 했는데, 가령 이런 말이었다. "최고의 섹스는 위험하고 위반적이고 더러운 섹스다." 또한 보수주의가 "새로운 펑크"라며 그 이유가 "위반적이고 전복적이고 재미있기 때문"이라고 말했다. 그는 자주 펑크와 대안우파를 비교하는데, 그가 말하는 대안우파란 가능한 한 가장 넓은 범위로 정의한 것이었다. 오늘날 광의의 대안우파와 알트라이트가 위반적 스타일과 쉽게 긴밀한 관계를 맺는다는 사실은, 역사적으로 사회주의 좌파가 위반적 스타일과 맺은 관계가 얼마나 피상적이고 우연적인 것이었는지를 드러낸다.

스와스티카를 가져다 쓰는 등 일종의 퍼포먼스로서 나치즘의 상징을 만지작거리는 것은 분명 전례가 있다. [1970년대 후반에서 1980년대 초반까지 활동한 영국의 포스트펑크 록밴드] 조이 디비전Joy Division은 그 이름부터 2차 세계대전 당시 독일군 막사 내 매음굴의 이름인 프로이덴압타일룽Freudenabteilung을 따서 [같은 뜻의 영문으로] 지은 것이었고 보컬리스트 이언 커티스Ian Curtis는 정치적으로 우익이었다. 1976년, 섹스 피스톨스와 같은 무대에 오른 [영국의 싱어송라이터] 수지 수Siouxsie Sioux는 스와스티카 완장을 차서 사람들에게 두들겨 맞은 적이 있다. 그의 의도는 확실히 충격을 선사하기 위함이었고 그것이 나치즘에 대한 진지한 동조라고 믿은 사람은 거의 없었을 것이다. [그러나] 2차 세계대전 후 폭격을 맞고 경제적 궁핍에 시달렸던 영국인들이 겪은 고통의 무게가 얼마나 컸을지, 나치즘에 대항해 싸우다 전사한 영웅들을 향한 존경심이 당시 영국인들의 정서를 얼마나 지배했을지는 어렵지 않게 상상할 수 있다. 이러한 맥락에서 수지 수의 행위를 가장 악의적으로 해석한다면, 스와스티카 완장은 그 자체로 패륜과 다름없다. 호의적으로 해석한다 해도 그의 행위는 기껏해야 금기를 위반하는 전형적인 아방가르드적 행위이자, 전사자를 영웅으로 격상하는 것으로 국가와 여왕에 대한 모든 저항을 억압하는 전후 체제를 향해 펼쳐 보이는 가운뎃손가락이다.

가슴에 스와스티카 문신을 한 [미국의 해커이자 자칭 인터넷 트롤인] 위브(아우언하이머)는 《에스콰이어》와의 인터뷰에서 자신의 감수성을 설명한 바 있다. 기자는 그 인터뷰를 다음과 같이 정리했다.

나는 아우언하이머와 그의 친구 제이미 코크런과 함께 레스토랑에 앉아 있다. 코크런은 부드러운 말투의 트렌스젠더이자 트롤이며, 러슬 리그Rustle League의 일원이다. 그들에게 트롤링이란 누군가의 멘탈을 '바스락rustle'거리게 부숴버리는 것이다. 그들은 내게 자신들이 행하는 트롤링을 설명한다. "괴롭힘은 아니에요." 코크런이 말하기를, 그것은 "풍자적 행위 예술"이다. 십 대들을 자살로 몰아가는 사이버불링은 선을 넘는 일이지만, 코크런의 말에 의하면 트롤링은 좀 더 고결한 행위이며 "공격적 레토릭"인바, 소크라테스와 예수, 북유럽 신화 속 협잡의 신 로키Loki까지 거슬러 올라가며 그 기원을 찾을 수 있는 것이다. 아우언하이머는 스스로를 셰익스피어의 퍽Puck[*]에 비유한다. 코크런은 레니 브루스Lenny Bruce[**]와 앤디 카우프만Andy Kaufman[***]을 존경한다. 그들은 반달리즘에 관해 이야기하며, 현 상태status quo에 균열을 가하고 사람들의 사유를 유도하는 기예로서 트롤링을 이야기한다. 그들은 애비 호프먼Abbie Hoffman[****]에 대해 말한다.

브렛 이스턴 엘리스Bret Easton Ellis의 소설을 각색한 영화 〈아메리칸 사이코〉의 주인공 패트릭 베이트먼은 〈파이트 클

---

[*] 윌리엄 셰익스피어의 희곡 《한여름 밤의 꿈》에 등장하는 장난스러운 성격의 요정.
[**] 1960년대 신랄한 풍자로 유명했던 스탠드업 코미디언.
[***] 1970년대에서 1980년대에 관습을 벗어난 코미디로 유명했던 코미디언이자 행위 예술가.
[****] 1970년대 반문화·반전운동을 주도했던 사회 활동가이자 저술가.

럽〉〈매트릭스〉와 함께 포챈 게시판과 이후 대안우파, 알트라이트, 그리고 반페미니스트 사이에서 가장 많이 언급되는 대중영화 캐릭터 중 하나다. 〈아메리칸 사이코〉는 자기애가 강한 소시오패스 연쇄살인마가 강박적으로 포르노를 즐기며 매춘부에게 성 고문을 가하고 노숙인들을 죽이면서 쾌감을 얻는 이야기를 보여준다. 원작 소설에서 나타나는 여성에 대한 극심한 성 고문은 사드의 반도덕주의에 비견할 수 있을 정도다. 문학비평가 대니얼 푹스Daniel Fuchs는 이 소설이 헨리 밀러Henry Miller와 노먼 메일러Norman Mailer의 뒤를 잇는 문학의 한 양식이라고 주장했는데, 그 양식이란 사드의 성적 주권과 위반의 개념을 성적 공격성과 폭력성으로 치환해 저항과 해방을 표현하는 데 적용하는 것이었다. 충격적인 성 고문 묘사를 둘러싼 논쟁 가운데 〈아메리칸 사이코〉를 비판으로부터 방어하는 논리 중 하나가 원작 소설의 모호한 결말이 소설 속 사건들을 전부 주인공의 환상에 불과한 것으로 암시한다, 라는 것은 상기할 만하다. 극우 챈문화의 스타일과 거의 똑같이, 다층적이고 메타텍스트적인 자기 반영과 아이러니의 트릭을 통해 해석과 판단을 피해 가는 것이다.

도덕적 금기를 위반하는 사람을 영웅과 같은 존재로 격상하는 것은 [19세기] 낭만주의에 기원을 둔다. 그러나 《섹스 반란The Sex Revolts》이라는 책에서 전후 저항적 남성성을 연구한 사이먼 레이놀즈Simon Reynolds와 조이 프레스Joy Press

가 설명했듯 그러한 경향이 20세기에 유행한 반문화를 통해 부활했다. 노먼 메일러는 그의 소설에서 고결하고 경계를 넘나드는 존재로 사이코패스를 묘사했다. 그는 힙스터를(당시의 힙스터는 오늘날의 힙스터와 매우 다르다) 주류와 사회적 관습에 반감을 가진 소설 속 사이코패스의 고결한 전통을 따르는 사람으로 간주했고, 소설 속 사이코패스를 성적·사회적·도덕적 억압으로부터의 해방을 상징하는 것으로 여겼다. [이러한 인식하에 묘사된] 사이코패스는 마치 예술가처럼 초자아보다 이드id를, 도덕적 제약보다 욕망을 중시한다. 도스토옙스키의 《죄와 벌》에 등장하는 반영웅antihero 라스콜니코프는 '쓸모없는' 노파를 죽인 뒤 범부들의 도덕률을 초월할 권리를 주장했다. 프랑스 작가 모리스 블랑쇼Maurice Blanchot의 "타인의 가장 큰 고통은 언제나 나의 쾌락보다 덜 중요하다"라는 말은 포챈에서 대안우파에 이르기까지 현대의 위반적이고 반도덕적인 문화의 형식으로 반향한다.

　　레이놀즈와 프레스는 또한 [켄 키지의 소설] 《뻐꾸기 둥지 위로 날아간 새》에서 미셸 푸코의 《광기의 역사》, 로널드 랭R. D. Laing의 《경험의 정치학The Politics of Experience》까지를 분석하면서, 광기는 일관되게 그 위반적 표현에 근거해 비순응 내지는 저항적인 것으로 재평가되어왔음을 보여준다. 사드, 초현실주의, 그리고 랭과 긴밀히 연결된 1960년대 반억압 문화정치에서 광기는 주류 규범에 대한 거부와 정치적 저항을

위한 창조적 원천으로 간주되었다. 초현실적인 표현은 전-
합리적pre-rational이면서도 창조적인 표현이 되었다. 이처럼
위반적인 반문화적 전통의 특징이었던, 이드를 적나라하게
드러내는 행위는 포챈 같은 사이트들 및 거기서 만연한 금기
무시의 반도덕적 트롤링과 유머의 특징이기도 하다. 외부인
들이 보기엔 당혹스럽고 혼란스러우며 제정신이 아닌 것처
럼 보이지만 말이다.

　사이코패스를 해방의 상징으로 보는 시각과 강제된 도
덕성의 거부는 우익 트롤링문화의 미학과 에토스를 관통한
다. 한 열성적인 포챈/b/ 이용자는 자신들의 감성을 이렇게
표현했다.

　한 남자에 비유해 말하자면 /b/는 자기 앞에 있는 장애인에
　게 빨리 좀 움직이라고 말할 놈이다. /b/는 교통사고가 나면
　가장 먼저 창가로 가서 구경할 놈이다. /b/는 백화점 화장실
　벽에 당신의 전화번호를 써놓을 놈이다. /b/는 젊고 예쁜 영
　어 교사에게 집적거리는 낙제생이다. /b/는 뉴욕 파크 애비
　뉴 거리를 배회하며 당신에게 계속해서 무언가를 팔고자 하
　는 놈이다. /b/는 자신의 정액이 가득 묻은 옷을 자선단체에
　기부하는 놈이다. …… /b/는 며칠을 잊으려고 애써도 잊히
　지 않는 꼴리는 근친상간 꿈이다. /b/는 당신의 친구들 중에
　서 유일하게 왕성한 성생활을 하며 무슨 얘기든 다 하는 놈

이다. /b/는 발기부전이 없는데도 비아그라를 먹어보는 놈이다. /b/는 당신의 첫 데이트를 따라다니면서 계속해서 분위기를 망치는 절친이다. 당신이 어떻게든 해보려고 했던 그 여자가 결국 가버리면 /b/는 재미있어하며 술에 취한 당신을 집에 데려다주고 매춘부 몇 명을 불러주는 놈이다. /b/는 당신에게 서로 마주 보며 딸을 쳐보자고 끈질기게 꼬드기는 놈이다. /b/는 여자 상담원을 꼬시려고 자살 상담전화를 거는 놈이다. /b/는 모르는 사람이 현관문을 두드리면 당장 하드디스크부터 처리해야 하는 놈이다. /b/는 학교 운동장에다 쓴 콘돔을 버리는 놈이다. /b/는 그녀가 술에 꽐라가 되어 있어도 아무 문제가 없다고 속삭이는 머릿속 목소리다. /b/는 지겹도록 당신 엄마의 가슴에 대해 이야기하는 놈이다. /b/는 당신의 말을 이해할 수 있는 유일한 놈이다. /b/는 매춘부에게 항문 핥기만 시킬 법한 놈이다. /b/는 헨타이[애니메이션 포르노]에서 본 걸 따라 하다가 병원에 입원한 놈이다. /b/는 항문 자위를 할 때 느끼는 죄책감을 동반한 쾌감이다. /b/는 경이롭다.

[a 대신 an으로 관사를 잘못 쓴] "영웅an hero"은 챈의 속어적 표현이 되었다. 휘트니 필립스Whitney Philips의 《이래서 우린 좋은 걸 가질 수 없어This is Why We Can't Have Nice Things》에 따르면, 미네소타에서 미첼 헨더슨이라는 이름의 학생이 총

기자살을 한 이후 그를 추모하는 마이스페이스 페이지에 올라온 한 급우의 추도문이 화제가 된 적이 있다. 추도문에는 "방아쇠를 당기고 우리를 떠난 그는 영웅an hero이다. 신이시여, 우리가 시간을 되돌릴 수만 있다면"이라는 문장이 쓰여 있었다. 포챈 이용자들은 그 추도문에 진지함과 정서적인 불안정함, 문법적 오류가 뒤섞여 있다며 너무나 재밌어했다. 다른 추도문 중에는 헨더슨이 잃어버린 아이팟을 언급하는 글도 있었는데 이는 곧 [포챈 이용자들이] 아주 정성을 들이는 농담거리가 되었다. 헨더슨의 마이스페이스 페이지는 해킹되었고, 헨더슨의 묘지에 아이팟을 놓고 찍은 사진을 포챈에 올리는 사람도 있었다. 헨더슨의 얼굴이 아이팟과 하드코어 포르노에 합성되었으며 유튜브에서는 부서진 아이팟과 함께 그의 자살을 재연하는 영상이 유행했다. 헨더슨의 아버지는 집으로 걸려오는 장난전화를 받았다. 그 전화는 "안녕하세요, 저한테 미첼 아이팟이 있는데요"라거나 "안녕, 아빠. 나 미첼 유령인데 문이 잠겨 있어서 말이야. 내려와서 열어줄 수 있어?"라는 식이었다.

필립스가 기록한 또 하나의 사례는 십 대 미국인 소녀 첼시 킹이 납치되어 강간 살해를 당한 일이다. 그의 행방을 찾기 위해 만들어졌던 페이스북 페이지는 추모 페이지로 바뀌었는데 여기서도 트롤링이 시작됐고 대부분 포챈 이용자들이 주도했다. '이 피클이 첼시 킹보다 더 많은 좋아요를 받

　　　　　　　　　　　　인싸를 죽여라

는다에 내 모가지를 건다' 등의 조롱을 목적으로 하는 페이지들이 만들어졌다. 이렇게 한 장르의 트롤링이 탄생했다. 포챈에서 기원한 'RIPRest In Peace 트롤링'이다.

'영웅an hero'이라는 은어로 자리잡은 자살에 대한 집착은 종종 익명의 이용자들이 자신의 자살 욕구를 고통스럽게 표현하는 형태로 나타나는 동시에 자살 사망자와 그를 추모하는 사람들을 조롱하는 형태로도 나타났다. 포럼 이용자들은 자살 충동에 대한 상담을 하기에 상상할 수 있는 가장 매정한 장소에 모여 익명으로 자살 환상을 공유했으며, 서로 반농담조로 실행에 옮기기를 권했다. 즉 이들은 자살 사건과 관련해 주류 미디어가 보여주는 스펙터클의 정서를 완전히 거부하고, 애석함을 잔인함으로 대체한 그들만의 어두운 스펙터클로 다시 만들어냈다. 자살이라는 행위와 자살한 사람에 대한 무감각을 전시하는 행위는 일종의 위반 행위로 간주된다는 점에서 [자살 욕구를 토로하는 동시에 자살을 조롱하는] 이 두 가지 감성은 기이하게도 온라인 세계에서 내재적인 일관성을 갖추고 양립할 수 있다. 이 새로운 위반적 우익의 감수성에 또 어떤 사상과 형식이 암약하고 있을 것인가?

우익 챈 이용자들이 빙의하고 싶어 하는 사상가 중 한 명인 니체는 그것이 의도이든 아니든 평온한 도덕 질서의 위반을 권력의지로서의 생명 축복으로 간주하는 해석을 낳았다. 결과적으로 니체의 사상은 나치에서 릴리 브라운Lily Braun

같은 페미니스트에 이르기까지 다양한 사람을 매료했다. 오늘날 대안우파가 니체에게 매료된 이유는 기독교적 규범에 대한 순응을 비주체적인 것과 다름없는 것으로 규정한 니체의 사상이 기독교적 규범의 완강한 거부를 필요로 하는 대안우파의 지향점과 만나기 때문이다. 반면 프로이트는 반문명적 충동으로 위반 행위를 규정하며, 자유로운 본능적 의지가 문명을 위한 불가피한 억압을 대하는 적대감의 일환으로 간주했다. 아마도 위반에 관련한 가장 중요한 이론가라 할 수 있는 조르주 바타유Georges Bataille는 사드의 주권 개념을 이어받아 복종보다 자결권에 더 큰 가치를 두었다. 물론 바타유의 지향과 우익 챈문화의 거리는 매우 멀지만, 정치적으로 [정반대의 것으로] 대체될 수 있는 사상과 위반적 미학이라는 형식은 초창기 /b/ 포럼의 충격적인 포르노 이미지 콘텐츠와 후기 /pol/ 포럼의 반동적 게시물들로 이어지고 있다. 생식과 무관한 섹스를 도구주의에 저항하는 주권의 표현으로 봤던 사드처럼 바타유는 위반을 그 자체로 숭상했고, 그것을 "거리낌 없는 낭비"로 일컬었다. 오늘날 아무런 개인적 이득을 도모하지 않으면서도 엄청난 노력을 쏟는 밈문화 감수성의 특징인 목적 없는 과도한 행위는 [과거] 개신교 윤리에 기반한 도구주의적 합리성의 시대에 존재한 전형적인 위반 행위였다.

생일 소년 작전과 정성을 들여 고인을 모독하는 트롤링

페이지 모두를 만들어낸 문화는 원치 않는 선물이라고 일컬으면 될 듯하다. 초기 인터넷 이론가들이 마르셀 모스Marcel Mauss의 《증여론The Gift》을 가져다가 인터넷 특유의 비도구주의적 공유문화의 은유로 썼던 '선물'을 뒤틀어서 말한 것이다. 모스의 선물 원칙은 본래 전근대 사회에서 이뤄지던 상호적인 선물 증여 시스템을 묘사하기 위해 사용된 개념이지만 상황주의 사상가 라울 바네겜Raoul Vaneigem의 《일상생활의 혁명Traité de savoir-vivre à l'usage des jeunes générations》에서 증여 개념은 순수하게 목적 없는 파괴 행위 혹은 파산을 야기할 정도의 관대함이 도구주의를 초월할 수 있다는 맥락에서 상찬되었다. '일상생활의 빈곤'에 대한 상황주의자들의 비판은 보들레르의 "권태의 사막 한가운데 있는 공포의 오아시스"처럼 낭만주의에서 오늘날 위반의 온라인문화까지를 관통하는 공통의 정서를 명료하게 정리한다. 권태, 지루함, 관성은 극단적인 위반의 반작용이 필요하다는 것이다. 그러나 이러한 사상들은 종종 애초의 의도와는 다르게 흘러갔다. 상황주의자들에게는 더 나은 세상을 향한 열망이 있었지만, 위반적 형식의 허무주의적 표현은 1960년대 반문화 안에서 이미 자리를 잡았다. 레이놀즈와 프레스가 말했듯 "의식과 양심의 질곡을 벗어던지는 것을 끝까지 밀어붙였을 때, 그 끝에서는 이드의 악마적 에너지가 꽃을 피운"다. '찰스 맨슨 살인사건'*은 그 한 예였다.

이러한 문화에 적용되는 위반의 또 다른 개념으로 카니발적인 것carnivalesque이 있다. 《그로테스크와 시민의 형성The Politics and Poetics of Transgression》을 쓴 피터 스탤리브래스Peter Stallybrass와 앨런 화이트Allon White는 카니발적인 것을 위계질서와 헤게모니에 저항하는 급진적 위반의 한 형식으로 간주했다. "그로테스크는 무엇이 고급이고 저급인지를 가르는 지배 이데올로기에 대한 비판으로 기능하곤 한다." 이는 포챈이 오랫동안 자신들을 설명해온 방식과 초기의 '진보적' 지지자들이 포챈을 묘사했던 것과 맞닿아 있다. 다만 포챈이 저항하는 지배 이데올로기가 문화적 자유주의이고, '저급'한 것은 정치적으로 올바르지 않은 취향, 무례함, 불쾌감, 공격적인 것과 트롤링이라는 차이가 있을 뿐이다. 카니발적인 것은 미하일 바흐친Mikhail Bakhtin에 의해 이론화되었는데, 이데올로기적으로 유연하고 양가적인 바흐친의 정의는 트롤링이 무엇인가에 관한 트롤의 설명과 상당히 비슷하다.

카니발적 웃음은 모든 인민의 웃음이다. 둘째로, 그 웃음이 향하는 대상은 보편적이다. 카니발 참여자들을 포함하여

✤　미국에서 20세기 최악의 연쇄살인범으로 거론되는 찰스 맨슨(Charles Manson)은 1969년 영화감독 로만 폴란스키의 집에 침입해 그의 부인 샤론 테이트를 비롯해 함께 있던 이들을 잔혹하게 살해한 사건으로 미국 전역을 공포에 몰아넣었다. 그는 맨슨 패밀리라는 범죄 집단을 만들어 다수의 추종자를 이끌었고, 그들에게 여러 건의 살인을 사주했다.

모두를, 모든 것을 향한다. 모든 세상을 우스꽝스러운 측면에서, 명랑한 상대성의 측면에서 바라본다. 셋째로, 이 웃음은 양가적이다. 즐겁고 의기양양하면서 동시에 조롱하고 비웃는다.

공식적인 정치적 보수 집단에서 이러한 위반적인 형식의 전례가 아예 없었던 것은 아니다. 영국의 보수당학생연맹 The Federation of Conservative Students은 '넬슨 만델라를 교수형에 처하라'라는 표어가 쓰인 포스터로 악명을 떨쳤으며, 마거릿 대처를 너무 온건하다는 이유로 비난한 바 있다. 즉 이들은 극우가 아닌 우파를 '오쟁이 진 보수'라고 폄하한 초기 사례라고 할 수 있다. 이들은 또한 자유지상주의와 권위주의 사상을 받아들이면서도 [극단주의를 지양하고 사회질서와 공공선을 중심으로 하는] 버크주의의 점잖은 품격과는 거리를 두고 대처주의의 가혹함을 추구하며 극우 사상을 만지작거리기도 했다.

개혁주의 좌파 성향 작가이자 역사학자인 크리스토퍼 래시Christopher Lasch는 위반을 반문명적인 것으로 간주한 프로이트를 참고해 1960년대 미국 소비사회의 공허한 허무주의와 나르시시즘을 비판했다. 그러나 1960년대 이후부터 지금까지 위반에 대한 비판은 주로 우파로부터 개진되었다. [예컨대] 탈산업사회 이론가 대니얼 벨Daniel Bell은 1960

년대의 위반적 에토스에 대한 심란함을 표하면서 "동성애, 복장도착transvestism, 항문 성교, 공공연히 성행위를 전시하는 변태적인 행위에 대한 과도한 집착"의 위험성을 경고했다. 1960년대 반문화의 위반적이고 불경한 스타일은 이전의 문화전쟁에서 우파가 증오했던 모든 것이었다. [보수주의자] 필리스 슐래플리Phyllis Schlafly나 《코멘터리Commentary》의 신보수주의자neocon 같은 보수적 반페미니스트들은 '대항문화adversary culture'에 염려를 표하며 위반적 감성의 파괴적 충동을 경고했다.

페미니즘이 위반의 문화정치와 맺는 관계는 좀 더 복잡하다. 베티 프리던Betty Friedan의 《여성성의 신화The Feminine Mystique》에 따르면 1960년대 페미니즘 제2의 물결이 일어났을 때 우파는 이를 미국의 가족과 도덕규범, 전통을 파괴하는 광의의 성 혁명이자 위반적 문화의 일부로 간주했다. 로 대 웨이드 사건Roe vs Wade✤을 둘러싼 논쟁과 필리스 슐래플리의 성평등 헌법수정안Equal Rights Amendment, ERA 반대 운동 국면에서 페미니즘은 도덕관념을 깨고 이드를 자유롭게 하기를 지향했다는 점에서 사드의 위반적 전통의 편에 서 있었다. 그러나 몇몇 페미니스트가 보기에 남성들의 위반적 이

✤ 1973년 로 대 웨이드 사건의 미국 대법원 판결은 여성의 임신중단권과 관련한 주요한 판례로, '낙태'에 대한 처벌을 위헌으로 판결한 최초의 사례다.

드는 자유롭다 못해 방종으로 빠졌다. [이에 따라] 반문화에 대한 비판의 일종으로, 여성들이 1960년에서 1970년대 반전운동을 비롯한 여러 운동에서 겪은 위선과 '자유 연애'의 불평등에 대한 비판이 페미니즘 저술에서 개진되기 시작했다. 성 혁명에서 비롯한 포르노문화는 1980년대에 이르러 앤드리아 드워킨Andrea Dworkin, 캐서린 매키넌Catharine MacKinnon 같은 페미니스트들이 가혹하게 비판했고, 포르노와의 전쟁을 선포한 페미니스트들은 1960년대에 페미니즘이 타락의 중심 역할을 한다고 주장했던 보수주의자들과 손을 잡기도 했다.

　　최근의 온라인 문화전쟁 국면과 그것의 영향이 대학 캠퍼스와 시위로 이어지는 동안 페미니즘은 슬럿워크Slut Walk⁺⁺와 성 긍정sex-positive 페미니즘 등 텀블러를 중심으로 한 위반의 문화를 포용하고자 했다. 그러나 우파 진영이 그러했던 것처럼, 이데올로기적으로 유연하고 정치적으로 무엇으로도 대체 가능하며 도덕적으로 중립적인 양식으로서의 위반의 본질에 관해 심오한 철학적 문제에 맞닥뜨렸다. 이는 성해방만큼이나 여성혐오로도 특징지어질 수 있었기 때문이다. [역사학자] 크리스토퍼 래시가 이해한 바와 같이, 진보 정

++　　2011년, 캐나다 요크대학교의 안전교육 강연 중 한 경찰관이 "여성들이 성폭력 피해자가 되지 않으려면 창녀(slut) 같은 차림을 피해야 한다"라고 발언한 데서 촉발된 페미니즘 시위 운동이다.

치에서 반도덕적anti-moral 위반은 언제나 악마와의 거래와 다름없었다. 평등의 문제는 본질적으로 도덕의 문제이기 때문이다.

호불호가 극명히 갈리는 [사회]비평가 커밀 팔리아Camille Paglia는 사드가 인간의 악함을 타고난 것으로 묘사한 것이 현대 페미니즘을 발아한 루소주의적 전통을 겨냥한 풍자였다고 주장했다. 사드의 작품들은 성폭력을 전면에 내세우는 것으로 유명하며, 가족과 재생산을 혐오하고 개인의 주권과 방탕함의 가치에 근거한 폭력적이고 위반적인 섹슈얼리티를 숭상한다. [사드의 소설]《악덕의 번영Histoire de Juliette, ou les Prospérités du vice》에 나오는 '범죄의 친구들 협회'의 규칙 중 하나는 '진정한 방탕주의는 번식을 혐오해야 한다'였다. 사드가 출산하는 여성의 신체를 폄하하고 (포챈의 문화가 그러한 것처럼) 남색에 집착하는 것에 대해 팔리아는, 그것이 시몬 드 보부아르Simone de Beauvoir의 주장처럼 단순히 동성애적 충동에 기인한 것이 아니라 "번식에만 끈질기게 집착하는 자연"에 대한 저항이라고 주장했다. [헝가리 출신 문학 연구자] 수전 술레이만Susan Suleiman은 이렇게 말했다.

사드적 판타지의 기초가 되는 욕망은 어머니에 대한 부정이다. 사드적 영웅의 반자연주의는 생명의 '자연적' 원천으로 간주되는 어머니에 대한 증오와 맞닿아 있다.

인싸를 죽여라

사드의 위반적 가치가 여성혐오 문화에 의해 수용되며 열심히 교회를 다니는 전통적 보수주의를 거부하는 온라인 반페미니즘 운동의 특징이 된다는 사실에 새삼 놀랄 필요도 없다. 초현실주의자들이 모토로 채택한 "행하지 못할 욕망을 심어주는 것보다 요람에서 죽이는 편이 낫다"라는 윌리엄 블레이크William Blake의 잠언, 성적 '주권'으로서의 지배, 의식의 제약으로부터 이드를 해방하는 것 등은 모두 위반의 전통으로부터 내려온 것이다. [그러나] 독일 나치가 우익 반도덕주의를 만들어내는 방법으로 니체의 사상에 매료되었던 것처럼, 대안우파가 온라인 공론장에서 행하는 여성과 소수인종의 대상화에 면죄부를 주고 합리화를 가능하게 하는 것도 바로 그 위반의 감성이다. 그들이 만들어낸 [새로운] 위반의 문화는 2차 세계대전 이래 유지되어온, 인종 정치의 금기를 깼을 때 발생할 수 있는 인적 피해를 진지하게 고려해야 한다는 제약으로부터 양심을 해방한다. 1960년대 사드적 위반의 요소는 보수주의자들로부터 지난 수십 년 동안 퇴폐적이고 허무주의적인 것으로, 문명 파괴의 핵심 역할을 하는 것으로 비난받았지만, 지금 떠오르는 온라인 신우익은 이를 거부하지 않는다. 오늘날 나타난 온라인 신우익은 오히려 위반의 반도덕적 형식의 산물이며, 이들은 좌파의 평등주의 철학이나 우파의 기독교적 가치 모두와 완벽히 단절한 채 성장하고 있다.

혐오로 뒤덮인 인터넷

3

온라인 미디어 제국을 건설한 대안우파

온라인 문화전쟁의 트럼프주의 우파에는 《브라이트바트》
에 강경 대안우파를 찬양하는 글을 쓰고 이것이 상당히 많
이 인용되면서 이름을 알린 두 명의 주요 인물이 있다. 그 글
의 제목은 〈기득권 보수 세력이 제공하는 대안우파 가이드〉
이며, 두 인물은 마일로 이아노풀로스와 알럼 보카리Allum
Bokhari다. 이들은 실체가 불분명한 대안우파의 지적 근원을
추적하며 그 운동을 화려하게 묘사하면서 몇몇 중요한 사상
가와 학파를 운동의 원천으로 끌어들였다. 이들이 선발한 사
상가들은 다음과 같다. 1918년 《서구의 몰락Der Untergang des
Abendlandes》을 통해 문명의 몰락에 관련한 담론 전반에 영향
을 미치고 비마르크스주의적인 국가사회주의와 권위주의를

지지한 독일의 철학자 오스발트 슈펭글러Oswald Spengler, 굉장히 엘리트주의적이지만 이견의 여지 없이 뛰어난 반뉴딜 성향의 미국인 풍자 작가이자 문화비평가이며 종교와 대의민주주의에 대해 니체적 비판을 가한 바 있는 헨리 루이 멩켄Henry Louis Mencken, 파시스트들의 사랑을 받았던 이탈리아 철학자이자 전통주의와 남성주의적 가치를 밀어붙이고 근대가 암흑시대라고 믿었던 율리우스 에볼라Julius Evola, 고전적 보수주의 성향의 미국인 칼럼니스트로 친자본적 신보수주의를 강하게 비판한 새뮤얼 프랜시스Samuel Francis, 그리고 마지막으로 프랑스 신우파 세력. 프랑스의 신우파 세력은 종종 '우파의 그람시주의자'로 일컬어진다는 점에서 특기할 만하다.

프랑스 신우파는 정치적 변동이 문화적·사회적 변동을 뒤따른다는 안토니오 그람시Antonio Gramsci의 이론을 채택했다. [《브라이트바트》를 창간한] 앤드루 브라이트바트는 정치는 언제나 '문화로부터 내려온 물줄기'라는 슬로건을 즐겨 말했으며 이아노풀로스가 이를 종종 인용하곤 했다. 벨기에의 극우 반이민 정당 플람스연합Vlaams Blok의 대표 필리프 데빈테르Filip Dewinter는 이렇게 말한 바 있다. "이데올로기적 다수가 의회에서의 다수보다 중요하다."

1968년 이전부터 우파는 '보통 사람'들이 보수적인 기질을 타고난다고 보았는데, 이러한 시각은 현대 기득권 보수주의자들의 '침묵하는 다수'라는 레토릭으로도 확인할 수 있다. 오늘날 대안우파가 공유하는 프랑스 신우파의 그람시적 목표는 급진적 엘리트나 지도자를 물리치면 인민의 전통적 질서를 회복할 것이라는 견해와 단절한 채 1960년대의 변동이 일반 대중을 어떻게 변화시키고 헤게모니를 쥐게 되었는가에 몰두하는 것이다.

앤드루 하트먼Andrew Hartman이 《미국의 영혼을 위한 전쟁The War for the Soul of America》에서 1990년대의 문화전쟁을 정리한 내용에 따르면, 1968년 파리의 급진적 변화와 신좌파의 등장으로 사기가 저하된 우파가 다시 정치적 변동을 도모하기 위해서는 문화 전반이 재편되어야 했다. 이에 따라 우파는 [지배 이데올로기와 문화적 가치 체계를 해체하고 전복하는 데 집중하는] '메타정치학'을 추구하게 되었고, 이는 우파 진지 내부에서의 전통적 활동과 정당 정치를 거부하는 것으로도 이어졌다. 그들은 철학적 기반을 새롭게 정초하고 68혁명의 사회 진보 이데올로기에 대항할 새로운 길을 모색했다. 그렇게 탄생한 프랑스 신우파는 [오늘날 미국의] 대안우파와 비슷하게 반다문화주의나 임박한 서구의 몰락 등[의 문제]에 천착했으며 정치적 스펙트럼을 가로질러 다양한 사상을 취합했다. 예를 들어 그들은 자본주의를 강하게 비판했고 지역의 '유기적 민주주의'를 주창했다.

현재, 문화를 변화시키는 데 가장 큰 성공을 거둔 것은 제도권 정치가 아니라 알트라이트다. 알트라이트는 대안우파와 주류 트럼프주의자 사이에서 가교 역할을 한 청년 집단이다. 온라인 우파의 전술은 디지털 시대에 최적화되어 있다. 디지털 시대와 그람시적이라는 말은 어울리지 않는 것 같지만, 그럼에도 불구하고 그들이 제도권 정치가 아니라 미디어와 문화를 통해 담론의 창overton window✛을 [오른쪽으로] 이동시키는 데 목적을 둔 운동으로 거둔 전략적 성취를 묘사하는 데 그람시적이라는 말보다 적합한 말은 없어 보인다.

알트라이트는 쇠퇴해가는 주류 미디어를 우회해 바닥에서부터 그들만의 인터넷문화와 대안 미디어를 만들어내는 것으로 큰 성공을 거뒀다. 여기서는 알트라이트라 불리는 집단, 트럼프의 대선 승리 이전에 이미 수많은 추종자를 거느리고 있던 주요 독립 소셜미디어 인사들을 살펴보고자 한다. 인터넷문화는 물론이고 결국은 주류 문화에도 상당한 영향을 미친 그들은 무엇을 했고, 그것은 왜 통했을까?

먼저, 혁명적 사회주의 좌파의 기획들이 왜 계속해서 실패하고 인기를 끌지 못하는지를 좌파의 관점으로 설명하고자 시도한 현대의 학술적·논쟁적 저술들이 얼마나 많았는지

✛ '대중의 통념을 크게 벗어나지 않는 이념들의 범위'를 의미하는 이 말은 원문 그대로 '오버턴 윈도'라고도 불리는데, 이는 이러한 개념화가 미국의 정치 전략가였던 조지프 오버턴(Joseph P. Overton)에 의해 이뤄진 데서 기인한다.

인싸를 죽여라

생각해보자. 문화산업, 미디어 헤게모니, 담론, 서사, 규범과 권력을 다룬 사상과 학파들은 모두 암시적이든 명시적이든 이 문제를 핵심에 두고 있다. 놈 촘스키Noam Chomsky와 에드워드 허먼Edward Herman의 《여론조작Manufacturing Consent》은 [1988년] 출간된 이래 지금까지도 좌파의 레토릭에서 매우 중요한 책으로 남아 있다. 프랑크푸르트 학파와 상황주의는 여전히 대학의 이론 수업에서 정전으로 다뤄진다. 여타 마르크스주의 혹은 유사 마르크스주의 사상들 가운데서도 그람시의 사상은 과거 노동운동이 쇠퇴한 이후의 정치 분석과 실천의 중심에 미디어와 문화를 놓았다는 점에서 가장 영향력 있는 사상이라고 할 수 있다.

하지만 2016년 말, 미국의 대통령으로 당선된 사람은 우파 후보 도널드 트럼프였다. 《폭스뉴스》와 《내셔널리뷰》 등 보수 성향 언론을 포함한 거의 모든 주류 미디어가 공공연하게 트럼프를 적대적으로 보도했는데도 불구하고 말이다. 대선 결과가 나오기 직전까지도 [대선과는] 딱히 관련 없는 일개 인터넷 잡놈 취급을 받았던 이아노풀로스는 온라인 추종자 세력을 엄청나게 키워갔고 트럼프 당선과 함께 주류로 떠올랐다.

오바마 행정부 시기를 지나면서 대중 담론의 일반적인 무대로 간주되던 주류 신문과 텔레비전의 영향력이 쇠퇴하고, 그 빈자리를 문화적 리버럴 성향의 밀레니얼 세대가 자신들만의 뉴미디어 플랫폼으로 대체했다는 사실을 기억하자. 클릭과 콘텐츠의 멋진 신세계에서 그들의 대안 미디어는 《업워디Upworthy》 같은 감상적이고 낙천적인 낚시clickbait 사이트나 《버즈피드Buzzfeed》 유의 목록형 기사listicle 사이트의 형태로 나타났다. 그 외 리버럴 성향의 사이트로는 《에브리데이페미니즘Everyday Feminism》《제저벨Jezebel》《살롱Salon》 등이 있으며 이 사이트들은 극도의 민감함, 감성성, 그리고 과거 급진 사회구성주의적 정체성 정치로 여겨지던 것의 기이한 혼합물로 점철되었다.

이 사이트들은 〈당신의 요가 수행이 문화적 전유임을 보여주는 8가지 신호〉〈남자들도 페미니스트가 될 수 있지만 엄청난 노력이 필요하다〉〈몸매 지적에 대한 사이다 대응 베스트 19〉 등 거의 자기 풍자로 보이기까지 하는 제목의 기사들을 게재했다. 대체로 해로운 남성성, 비만의 긍정, 성 중립적 장난감, 도덕적·문화적 소비에 결부된 딜레마에 관한 내용이었다. [풍자 언론사] 어니언The Onion의 프로젝트 《클릭홀Clickhole》은 리버럴 성향의 낚시성 기사들을 〈얼굴에 거미가 기어 다니는 사람들이 지겹게 듣는 말 워스트 10〉〈우리나라는 핫소스 이름을 지을 때 폭력에 너무 둔감해졌다〉라는 제목으로 때맞춘 조롱을 선보이며 부상했다.

《업워디》 같은 사이트들은 의도치 않게 비웃음을 사거나 풍자되기도 쉽지만, 2013년 그 인기가 절정에 달했을 때는 페이스북에서 기사당 평균 7만 5,000건의 좋아요를 기록했고, 한 달 평균 방문자수가 8,700만 명에 이르기도 했다. 2015년에는 BBC와 《폭스뉴스》의 기사를 합한 것보다 더 많은 《버즈피드》의 기사가 소셜미디어에서 공유되었다. [공유된 기사들은] 거의 다 리버럴 성향에 밀레니얼 세대 친화적이며 대놓고 프로파간다적이었다.

대안우파는 이 사이트들을 포함해 《가디언》, BBC, CNN까지도 이른바 '문화적 마르크스주의'를 선전하는 '좌파' 미디어로 간주하지만, 사실 경제적 '좌파' 정치 세력과 리버럴 미디어 진영의 관계는 종종 상상 이상으로 적대적이고 악의에 차 있다. 리버럴 성향의 페미니스트이자 저널리스트인 존 월시Joan Walsh는 버니 샌더스 지지자들을 가리켜 "버니봇Berniebot✢ 키보드 워리어"라고 불렀고, 《살롱》은 〈통제를 벗어난 버니브로스Bernie bros✢✢의 만행들: 여성혐오적 분노의 폭발〉 〈버니브로스와 똑같이, 샌더스도 클린턴을 괴롭힌다〉 등의 기사들로 '버니브로' 밈을 생산하며 설전을 벌였다. 그러는 동안 포르노그래피적 위반과 공허한 힙스터적 감성의 유치한 결합으로 나름의 브랜드를 만든 《바이스》는 〈숨은

✢ 소셜미디어에 열성적으로 버니 샌더스 옹호 글을 올리는 사람을 '봇(매크로)을 돌려 같은 말을 반복한다'는 조롱의 의미를 담아 지칭하는 말이다.
✢✢ 샌더스를 지지하는 유권자를 지칭하는데, 샌더스 지지자가 대부분 남성이라는 착각을 유도하기 위해 만들어진 말이다.

브로셜리스트Brocialist✤를 알아채는 법〉이라는 글을 게재했다. 선거 직전 《가디언》은 코믹하고 컬트적인 수사의 〈테스토스테론 좌파를 제압하고 힐러리 클린턴을 옹립하라〉라는 기사를 실었다.

젊은 여성들 사이에서 버니 샌더스의 지지율이 높다는 통계가 매우 많음에도 불구하고, [샌더스 지지자 대다수가 남성이라는] 신화가 끊임없이 유포되면서 이는 결국 인터넷 진실의 영역에 진입하게 되었다. 이에 구리버럴 기득권 세력도 가세했다. 예컨대 저명한 페미니스트 글로리아 스타이넘Gloria Steinem은 상당수 여성 샌더스 지지자들이 단지 또래 남성에게 잘 보이기 위해 샌더스를 지지하는 것이라고 말했다. 영국에서도 거의 똑같은 현상이 있었다. 《가디언》을 위시한 영국의 기득권 리버럴 미디어들이 달려들어 [영국 노동당 의원이자 강경 사회주의자인] 제러미 코빈Jeremy Corbyn을 폄하하고 그 지지자들을 단지 브로셜리즘의 물결에 휩쓸리는 철없는 사람들로 평가절하한 것이다. 제러미 코빈은 여성 문제에 관련한 아무런 잡음이 없었다.

그렇다면 이 시기 진정한 좌파의 대안 미디어는 무엇이었을까? '영턱스The Young Turks'라는 유튜브 채널은 구독자

✤　bro와 socialist의 합성 조어로, 사회주의 성향 유권자 대부분이 남성이라는 착각을 유도하며 이들의 호모소셜을 허수아비 공격하는 말이다.

수 300만 명에 평균 조회수 10만에서 20만 회를 기록하는 명실상부한 대중 토크쇼 플랫폼으로 떠올랐다. 영국 노동당원 오언 존스Owen Jones도 대중적인 인터뷰 영상을 제작하기 시작했다. 극좌 성향이라 평가할 수 있는《자코뱅Jacobin》매거진은 이견의 여지 없이 오늘날 인쇄매체에서의 성공 사례이자 학문적으로도 가장 흥미로운 미디어 프로젝트였다. 그 이유는 이 매거진이 아돌프 리드 주니어Adolph Reed Jr., 월터 벤 마이클스Walter Benn Michaels, 앰버 에이리 프로스트Amber A'Lee Frost, 코너 킬패트릭Connor Kilpatrick, 라이자 페더스톤Liza Featherstone 등 리버럴 성향의 힐러리 클린턴을 지지하는 온건좌파를 비판하는 좌파 비평가들에게 플랫폼을 제공했기 때문이다. 결국《자코뱅》역시 '브로스'와 '백인 좌파'들만 읽는 잡지로 폄하되었다. 발행인 두 명이 자메이카와 트리니다드 토바고 이민자 2세이며 그 이름은《블랙 자코뱅The Black Jacobins》**을 참고하여 만들어진 것임에도 불구하고 말이다.

2016년, 팟캐스트 '차포 트랩 하우스'는 좌파 코미디 방송으로 출범했다. 이 팟캐스트는 우파 진영 온라인 정체성 정치의 극단적이고 황당한 사례들에 대한 풍자와 조롱을 주요 콘텐츠로 내세웠고, 그보다는 덜했지만 리버럴 좌파도 예

** 트리니다드 토바고 출신 마르크스주의 역사학자 C. L. R. 제임스가 집필한 1791~1804년의 아이티 혁명에 관한 책 제목.

외가 아니었다. 영국에서는 '노바라미디어Novara Media'라는 사이트가 출범했다. 상대적으로 적은 규모의 구독자를 보유하지만 런던에 기반을 둔 이곳은 다문화적 시각에서 영국 흑인과 동양인의 좌파적 목소리를 다루는 짧고도 강렬한 영상 콘텐츠를 제작했다. 이러한 작업은 이전까지 좌파 진영에서 거의 시도된 바 없는 것이었다.《커런트어페어스Current Affairs》또한 작지만 중요한 인쇄 프로젝트로, 우파뿐만 아니라 리버럴 좌파에 대해서도 비판을 개진했다.

하지만 알트라이트 세력은 위의 사례들을 초라해 보이게 만들 정도로 다층적인 대안 온라인 미디어 제국을 건설했고, 트럼프 당선 직전까지, 아니 오바마 행정부 시기 내내 좌파 진영의 극소수를 제외하고는 아무도 알트라이트의 움직임을 전혀 신경 쓰지 못했다. [그러는 동안] 이 제국은 소수만 구독하는 민족주의 블로그에서 보다 인기를 끄는 형태의 유튜버와 트위터 유명 인사로 확장되었다. 그중에는 우파 아웃사이더이자《브라이트바트》를 설립한, 훗날 미국 대통령의 수석전략가가 되는 스티브 배넌Steve Bannon도 있었다.

유튜버들이 'SJW의 만행 모음' 등 대중 영합적인 영상을 대량으로 제작해 업로드하는 가운데, 마일로 이아노풀로스 같은 알트라이트 셀럽들은《버즈피드》등의 대안 미디어와 대학 캠퍼스에서 벌어진 '안전 공간' 관련한 열띤 논쟁을 통해 주류로 부상한 텀블러발 정체성 정치의 언어도단을 폭로하는 것으로 커리어를 쌓아갔다. 그사이 아이로니컬한 밈을 만들어내는 청년기의 똥싸개shitposter[*]들은 악랄한 웃음을 추구하는 챈 스타일의 이미지 콘텐츠 생산자로서 예비군을 형성해 언제든 게이머게이트와 같은 논쟁에 참전하거나 이아노풀로스 같은 유명인이 지원군을 필요로 할 때 함께 나서 집단적으로 상대를 괴롭힐 태세를 갖추었다.

2015년, 캐나다의 보수주의 프로젝트 레벨미디어The Rebel Media는 상당한 규모의 유튜브 방송을 제작했다. 출연자들 중 유명한 인물로는 전 《바이스》 편집장인 개빈 매키니스와 슬럿워크 및 대학가 시위 현장에서 길거리 인터뷰를 진행한 로렌 서던Lauren Southern이 있다. 로렌 서던은 현장에서 시위자들을 조롱하는 식으로 인터뷰를 진행했는데, 사실 이러한 조롱 영상은 [2009년] 티파티 운동Tea Party Movement[**]이 급부상하던 때 [시위 참여자들을 인터뷰하며] 인터뷰이들을 어리석어 보이게 연출했던 리버럴 성향 언론사들이 먼저 확립한

---

[*] 보는 이에게 불쾌함을 주고자 정교한 노력을 기울여 혐오스러운 내용이 담긴 게시물을 올리는 사람을 경멸적으로 일컫는 인터넷 은어.

[**] 미국이 독립하기 전인 1773년, 보스턴 시민들이 영국의 과한 세금 징수에 반발하며 항구에 정박한 배에 실려 있던 홍차 상자들을 바다에 던지고 배를 불태워버린 '보스턴 차 사건'에서 이름을 딴 신보수주의 운동이다. 규제 철폐와 작은 정부를 강조하고, 기독교적 가치와 전통의 회복을 주장한다. 대표적인 인물로 공화당 상원의원 테드 크루즈(Ted Cruz), 트럼프 정부에서 부통령을 지낸 마이크 펜스(Mike Pence), 공화당 소속 정치인 세라 페일린(Sarah Palin) 등이 있다.

장르라고 할 수 있다. 보수 언론 《선뉴스Sun News》 출신의 에즈라 레반트Ezra Levant가 주도하는 레벨미디어는 텔레비전 방송 규제에 얽매이지 않으면서 비용 절감이 가능한 온라인 플랫폼을 이용했다. 유튜브 채널을 만들기 위해 진행한 크라우드펀딩에서는 약 10만 캐나다달러[원화 약 9,400만 원]를 후원받았고, 유튜브의 모든 콘텐츠를 월 구독료 8달러에 제공한다. 대선 이후, 레벨미디어는 30일 만에 조회수 1,900만 회를 기록했다고 발표했다. 공식적인 기록으로는 하루 평균 60만 명 이상의 사람들이 레벨미디어의 영상을 시청한다. 레벨미디어에서 업로드한 영상을 다른 유튜브 채널에서 편집해 재업로드한다는 점까지 고려하면 실제로는 훨씬 더 많은 사람들이 레벨미디어의 영상을 시청할 것이라고 추측할 수 있다.

레벨미디어의 유료 콘텐츠인 개빈 매키니스의 〈어이, 요즘 어때?How's It Goin', Eh?〉는 정치와 코미디를 혼합한 쇼다. 짧은 편집본이 무료로 제공되는 이 쇼는 한 편당 대략 10분 내외의 분량으로 문화전쟁의 현황을 다룬다. 잉글랜드에서 태어나 스코틀랜드인 부모 밑에서 자란 매키니스는 소위 사우스파크 보수주의의 정치 감수성을 가지고 있다. 크리에이터로서 그의 인생은 애널 치누크Anal Chinook라는 이름의 펑크 밴드로 시작되었고 지금은 스스로를 '자유시장 자본주의자'이자 '아나키스트'라 부르며 보수주의자라고 하기에는 도덕적으로 모순되고 납득하기 어려운 언행을 보일 때가 많다. 그는 포르노 금지를 외치고 전통적인 결혼관을 피력하면서도, 과거의 문화전쟁이었다면 보수주의자들이 그의 프로그램을 퇴출시켰을 법한 저속하고 음탕한 언어를 즐겨 쓴다. 전《바이스》편집장이라는 이력은 그가 '힙스터리즘의 선구자' 중 한 명으로 꼽히게 했지만 그는 사회 진출이 여성들의 삶을 불행하게 만들었으며 주류 미디어의 이데올로기가 여성들을 비출산, 비만, 비혼으로 부추긴다는 반페미니즘적 주장을 거듭함으로써 자신의 이름을 우파에 위치시켰다. 그는 루스터Rooster라는 광고대행사를 공동 설립한 바 있는데, 〈트랜스 혐오는 지극히 자연스러운 일이다〉라는 제목의 에세이를 발표한 뒤 최고 크리에이티브 책임자의 지위를 내려놓아야 했다.

레벨미디어의 또 다른 주요 인물이자 훗날 홀로서기를 한 로렌 서던은 "서구에 강간문화란 없다"라고 쓴 팻말을 들고 밴쿠버에서 있었던 슬럿워크에 난입해 이름을 알렸다. 빈정대며 못마땅해하는 말투에 멀끔한 외모를 소유한 젊은 금발 여성인 그는 길거리 인터뷰 형식의 프로파간다에 제격이었다. 어느 집회에서 "젠더는 두 개뿐이다"라고 연신 외치던 그는 한 시위자가 쏟아부은 오줌통을 뒤집어쓴 적이 있다. 로렌 서던은 세계여성의날[3월 8일]에 이뤄진 온라인 집단행동인 '더 트리거링The Triggering'이라는 기획에 상당 부분 기여한 바 있는데, 이는 반페미니즘 성향의 트위터 이용자들이 불쾌하고 모욕적인 내용의 글과 이미지를 올리면서 온라인에서의 표현의 자유를 주장한 집단행동이었다. 이 글을 쓰는 지금, 내 유튜브 추천 영상에는 'SJW들이 당신의 발언권에 오줌을 지렸다: 로렌 서던이 공격당했다'라는 제목의 영상이 떴다. 조회수는 50만 회에 달한다. 로렌 서던의 트위터 계정은 23만 5,000여 명의 팔로워가 있고, 그는 종종 《스카이뉴스Sky News》 같은 주류 언론에도 얼굴을 비친다. 생방송에서 한 다음의 발언으로 쫓겨나긴 했지만 말이다.

이제는 합법적인 이민 절차가 왜 존재하는지조차 모르겠습니다. 저도 그냥 피부색 좀 그을리고 소형보트를 탄 다음 한 손에 쿠란[이슬람교 경전]을 들고 시칠리아 해변에 내려서 이민자로 인정받으면 되는 거 아닌가요?

《브라이트바트》는 2007년 보수적 논설가 앤드루 브라이트바트가 설립한 이래 트럼프주의 우파의 문화전쟁에서 핵심적인 역할을 했다. 《브라이트바트》는 〈브라이트바트 뉴스 데일리Breitbart News Daily〉라는 인터넷 라디오 프로그램도 제작한다. 《브라이트바트》는 우파 진영의 대안 미디어 중 아마도 가장 큰 성공 사례라고 할 수 있을 것이다. 마일로 이아노풀로스 같은 인물이 셀럽으로 떠올랐고, 편집자 스티브 배넌은 미국 정치의 가장 높은 곳까지 올라갔으며 상대적으로 무명 인사였던 스태프와 작가들까지도 대통령과 면담하는 사람이 되었다. 배넌은 《브라이트바트》를 "대안우파의 플랫폼"이라고 정의했는데, 그가 말한 대안우파란 말할 것도 없이 유럽의 포퓰리스트 우파와 미국의 트럼프주의 우파를 망라하는 새로운 반기득권적 우파로 그 의미를 넓게 잡은 것이었다.

[2016년] 대선 이후, 《버즈피드》는 스티브 배넌이 2004년 바티칸에서 진행한 한 인터뷰의 녹취록을 공개했다. 추측하건대 《버즈피드》는 그 녹취록이 배넌의 평판을 무너뜨릴 폭로감이라고 여겼던 것 같다. 하지만 오히려 그 폭로로 인해 배넌은 어둡지만 매력적인, 《버즈피드》 기자들과 대비되는 훨씬 진지하고 흥미로운 인물이 되어버렸다. [녹취록에는] 그가 '자본주의의 위기', 세속화secularization,✤ 서구의 이슬람화, 정실 자본주의, 서구의 유대 기독교적 유산의 훼손에 대해 말하는 내용이 담겨 있었다. 《버즈피드》가 의도했던 것과는 정반대로, 녹취록 공개 이후 스티브 배넌은 미국 양대 정당의 신보수주의와 신자유주의 기득권 세력과 거리가 먼, 야

✤ 세속화라는 말은 신정 국가나 억압적 이슬람 국가들에 관련해서나 쓰일 법한 말이다. 미국은 세계 최대 기독교 국가 중 하나이지만 젊은 세대일수록 종교에 반감을 갖고 무교를 천명하는 비율이 늘고 있다. 이를 두고 세속화의 우려가 제기되기도 한다.

심 찬 기획을 가진 반기득권 성향의 사상가가 되어 있었다.

또 다른 주요 인물인 벤 샤피로Ben Shapiro는 《브라이트바트》가 반유대주의 성향의 극단적 대안우파에게 추파를 던지는 것을 보고 《브라이트바트》 기자직을 내던지고 나온 사람이다. 샤피로는 "《브라이트바트》는 정치적 올바름에 대한 합당한 반응이랍시고 백인민족주의를 밀어붙이고 이용자 게시판을 백인우월주의자 밈 생산자들의 소굴로 만들어버림으로써 대안우파의 웹사이트로 거듭났다"라고 쓰며 이것이 모두 스티브 배넌의 주도로 이뤄졌다고 주장했다. 이 주장으로 말미암아 샤피로에 대한 반유대적 집단괴롭힘이 촉발되었는데, 샤피로는 그 주도자가 이아노풀로스가 아니냐는 의심을 강하게 피력했다. 샤피로는 둘째 아들을 낳은 뒤 "너희네 식구 모두 오븐에 들어가길 바란다"라는 등의 트위터 메시지 공격을 받았다. 이아노풀로스는 샤피로의 트위터 계정으로 흑인 아기 사진을 보내면서 다음과 같이 빈정거렸다. "벤의 아기가 흑인 혼혈로 태어난 데 애도를 표합니다. 그리고 벌써 벤보다 키가 크네요!" 샤피로에게 '오쟁이 진 보수'라는 새 별명을 붙여준 것이다.

러시아계 유대인 미국 시민이자 자유지상주의 논설가이며 《리즌Reason》의 저널리스트인 캐시 영Cathy Young은 한때 게이머게이트와 마일로 이아노풀로스의 전우였다. 하지만 대안우파가 반유대주의를 만지작거리기 시작하면서 갈수록

인싸를 죽여라

사악해지고, 애먼 사람들만 공격하면서 경력을 쌓는 사람이 많아지는 것을 보면서 거리를 두기 시작했다. 이아노폴로스가 스타로 급부상하던 시기, 대안우파라 불리는 청년 운동에 대한 세간의 관심이 치솟자 BBC 라디오는 이아노폴로스와 영을 인터뷰했고 이때 영이 밝힌 원칙적인 입장에 이아노폴로스는 분노를 표했다. [당시] 이아노폴로스의 팬들은 영을 조롱하고 괴롭혔지만, [이후] 이아노폴로스가 몰락하기 시작하고 이에 대해 대안우파마저도 전혀 관심을 보내지 않거나 심지어 고소해할 때, 캐시 영은 현명하고 소신 있게 품위를 지킨 영리한 비평가로 남았다.

마일로 이아노폴로스는 이견의 여지 없이 트럼프주의 온라인 우파에서 가장 거대한 스타로 떠오른 인물이다. 이 영국인 게이 논설가는 마일로 안드레아스 바그너Milo Andreas Wagner라는 가명의 젊은 보수주의자로 커리어를 시작했다. [2012년] 활동 초기 영국의 〈10시 쇼10 O'clock Show〉라는 텔레비전 프로그램에 출연한 그는 약간은 수줍음을 타는 갈색 머리의 청년으로 벨 앤 세바스찬 뮤직비디오에서 볼 수 있을 법한 옷차림을 한 채 [양성애자로 커밍아웃한 영국 가수이자 패션 디자이너인] 보이 조지Boy George와 호스트 데이비드 미첼David Mitchell과 함께 동성결혼에 대해 토론했다. 그 방송에서 그는 보수 기독교인으로 소개되었다. 그때만 하더라도 그는 아직 자신이 내세울 브랜드를 찾지 못한 상태였고, 그 모습만 보고서는 나중에 어떤 스타가 될 것인지도 예상이 불가능했다. 그는 이후 테크놀로지를 다루는 타블로이드 웹진《커널Kernel》을 발행하며 스스로를 기민한 현대인이자 기술·문화 저술가로 재탄생시켰고, 2014년 게이머게이트를 호의적으로 취재하면서 대중적 명성과 셀럽으로서의 지위를 얻었다. 이아노풀로스는 자신이 유대인, 게이임에도 불구하고 대안우파의 극악한 파시스트적 면모까지 긍정적으로 보도함으로써 대안우파가 매력적으로 보이도록 부단히 애썼다.✣ 몰락의 계기가 된 스캔들이 터지기 직전까지만 해도 그는 빌 마허Bill Maher✣✣의 프로그램에 출연했으며 2만 5,000달러(원화 약 3,000만 원)짜리 출판계약을 체결하기도 했다.

　우파의 그람시주의적 전술과 사상의 측면에서 그가 미디어를 통해 달성한 진정한 업적은 〈위험한 호모 투어 Dangerous Faggot Tour〉였다. [유튜브를 통해 방송된] 이 투어의 실시간 스트리밍 댓글창은 스와스티카와 하람베 관련 말들로

✣　이아노풀로스는 2021년 3월 '탈게이'를 선언하며 플로리다주에 '전환 치료소'를 설립하겠다고 말한 바 있다. 같은 해 6월에는 극우 성향 방송에 출연해 '탈게이' 이후로 개들이 자신을 향해 짖지 않는다고 말했다.

✣✣　코미디언 출신 방송인으로, 1993년부터 2002년까지 〈정치적으로 올바르지 않은(Politically Incorrect)〉이라는 텔레비전 프로그램을 진행하며 신랄한 정치 풍자로 이름을 알렸다. 2003년부터는 〈리얼타임 위드 빌 마허(Real Time with Bill Maher)〉라는 정치 시사 프로그램을 진행하고 있다. 본래 진보 좌파의 관점에서 미국의 양당을 비판했지만 현재는 중도로 기울고 있다.

가득했고, 투어 영상들은 평균 수십만 회가 넘는 조회수를 기록했다. 영상의 주요 내용은 이아노풀로스가 미국과 영국의 대학들을 순회하며 정치적 올바름, 페미니즘, 이슬람, 흑인 민권 운동, 서구 자유주의에 대해 비판하는 것이었다. 웹상에서는 [그의 투어를 두고] 끊임없이 논란이 일어났고 학생 운동의 활동가들은 계속해서 강연 취소를 촉구하거나 [강연 진행을] 방해했지만 이는 오히려 이아노풀로스의 헌신적인 팬들이 연신 "마일로! 마일로! 마일로!"를 외쳐대는 상황으로 이어지면서 그를 순교자 같은 존재로 만들어버렸다. 그의 트위터 계정이 삭제 조치를 받은 것도 커리어에 도움만 됐을 뿐이다. 그는 아이러니하지 않은 진지함으로 백인우월주의를 외치는 대안우파에 대해 이렇게 말했다. "사실 숫자도 많지 않고, 그런 놈들을 좋아하는 사람도 별로 없다. 대안우파로서 딱히 성과를 낼 수 있는 것도 없다고 본다." 그로부터 몇 달 뒤, 그의 커리어는 완벽하게 몰락했다. 수년 전 한 인터뷰에서 소아성애를 옹호했던 발언이 재조명되었기 때문이다. 해당 인터뷰를 발굴해 폭로한 주체는 다름 아닌 우파 진영이었다는 게 정설이다. 《브라이트바트》의 직원들은 그를 해고하지 않으면 자신들이 그만두겠다고 나섰다. 이아노풀로스가 펌훼했던 강경 대안우파는 그가 수직 낙하하는 동안 그어느 때보다 기고만장했고, 리처드 스펜서는 이런 트윗을 남겼다. "마일로는 끝났다. 관짝에 못을 박아도 좋다."

마이크 세르노비치는 알트라이트가 낳은 또 다른 셀럽이다. 현재 그의 트위터 계정은 22만 명 이상의 팔로워가 있고, 그는 우파 정치학과 강한 남성성을 이야기하는 책《고릴라 마인드셋Gorilla Mindset》과 《MAGA[*] 마인드셋MAGA Mindset》을 펴냈다. 그는 트위터와 페리스코프Periscope[**]를 통해 미디어 경력을 꾸려갔고, '위험과 놀이'라는 웹사이트를 만들어서 블로거로 활동했는데 이러한 이름은 니체의 말에서 따온 것이었다. "진정한 사내는 위험과 놀이, 두 가지를 원한다. 그러므로 여자를 원한다. 가장 위험한 장난감으로써."《뉴요커》에 게재된 그의 프로필에 따르면, 그는 첫 아내와의 이혼 후 '위험과 놀이'를 개설했다. 세르노비치와 그의 첫 아내는 둘 다 로스쿨 학생이었는데, 졸업 후 아내는 실리콘밸리에서 잘나가는 변호사가 되었지만 세르노비치는 졸업 후 9년이 지나서야 캘리포니아 변호사 시험에 합격했다. 그의 말에 따르면 이혼 전 아내는 주식으로 수백만 달러를 벌었고 그가 이혼 합의금으로 받은 금액은 "일곱 자리"였다고 한다. 이는 그가 독립 미디어 커리어를 꾸려나갈 수 있었던 이유를 설명해 준다.

또 다른 주요 인물로는 음모론 선동가 알렉스 존스Alex

---

[*] 2016년 미국 대선에서 트럼프 선거캠프 슬로건이었던 '미국을 다시 위대하게'라는 뜻의 Make America Great Again을 첫 글자만 따서 쓴 것이다.
[**] 트위터가 인수한 실시간 영상 스트리밍 앱.

Jones를 꼽을 수 있다. 그는 "당신의 뇌가 전쟁터다!"라는 슬로건을 내건 [유사 언론 웹사이트]《인포워스Infowars》를 만들었다. 〈알렉스 존스 쇼〉라는 그의 방송은 미국 전역의 라디오와 온라인으로 들을 수 있다. 그는 미국 정부가 [1995년] 오클라호마시티 폭탄 테러와 [2001년] 9·11 테러의 배후 세력이며 달 착륙이 가짜라고 주장한다. 1990년대 일었던 반자본주의·반세계화 운동의 우파 버전과 비슷하게, 그는 세계화론자들이 공모해 새로운 세계질서를 만들었다고 믿는다. [백인우월주의 등 인종차별주의를 해체하기 위해 법률적 대응을 지원하는 비영리단체] 남부빈곤법률센터Southern Poverty Law Center는 알렉스 존스에 대해 "현대 미국에서 가장 활동적인 음모론자"라고 설명한 바 있다. 뜬금없이 입고 있던 셔츠를 찢곤 하는 그의 이상한 행동을 비웃을 수는 있지만 [근거 없는 음모론으로 가득한] 그의 유튜브 채널은 수백만 회의 조회수를 기록하며 평범한 대중에게까지 그 메시지가 닿고 있다.

알트라이트가 대중적으로 인기를 끌고 이에 따라 대중매체가 그들에게 주목하는 상황에서 강경 대안우파 인사 중 유일하게 그들과 맞먹는 주목을 받은 이는 리처드 스펜서다. 다만 그가 유명 인사가 된 것도 앞서 알트라이트의 급부상에 힘입은 바 컸다. 그는 사실상 대안우파라는 용어를 만든 장본인이자 폭넓은 트럼프 지지자들 안에서 '빨간 약을 먹었다'***라는 비유를 유행시킨 인물이다. 스펜서는 "인종이란

혈통과 실제 종種 사이에 있는 무엇이다"라고 말하며 백인이 아닌 미국인들은 "평화로운 인종 청소"를 위해 내보내야 한다고 주장한다. 트럼프 당선 이후 대안우파의 추악함과 [이에 대한] 공포가 적나라하게 노출되는 가운데 언론은 스펜서에게 큰 관심을 보였다. 스펜서가 생각 외로 상당히 젊고, 심지어 '말쑥하기'까지 하며 인터넷 파시스트 치고는 세련된 복장을 하는 달변가였기 때문이다. 별 대단한 점이랄 것도 아니지만 지저분한 턱수염을 기른 극우 파시스트의 전형적인 이미지와는 확실히 거리가 멀었다.

스펜서는 대안우파가 앞으로도 계속 문화를 통해 미국의 주류 제도권 정치로 침투할 것이라고 생각한다. 트럼프 집권하에 우선 불법이민자들을 추방하는 데 집중한 뒤 그다음에는 이민 자체를 완전히 부정하고 종국에는 백인 민족국가의 설립을 목표로 두고 움직이려는 것이다. 그는 《마더존스Mother Jones》와의 인터뷰에서 이렇게 말했다. "내가 죽기 전에 보수주의가 먼저 죽을 것이다. 그렇다면 떠오르는 질문은 이거다. 보수주의 이후의 우파는 누가 정의할 것인가? 내가 정의할 수 있기를 바란다." 그는 대학에서 [신보수주의 사

***　이러한 비유는 영화 〈매트릭스〉에서 기인한다. 주인공 네오는 파란 약을 먹을 경우 진실을 알지 못한 채 매트릭스 안에 머무르게 되고, 빨간 약을 먹을 경우 매트릭스에서 깨어나 진실을 알게 된다. 이에 따라 '빨간 약을 먹었다'라는 표현에는 '진실을 아는 사람'으로 자신을 칭하는 의미가 담겨 있다.

상의 토대를 마련한] 레오 스트라우스Leo Strauss를 공부했고 석사학위 논문으로 아도르노와 바그너를 다뤘으며 듀크대학교에서 박사과정을 밟다가 중도 포기했다. 스펜서의 집필이나 연설 활동을 살펴보면 그가 여전히 유럽식 '피와 영토Blut und Boden'✢라는 민족주의의 지성사적 전통을 열망하고 있음을 알 수 있다. 그는 한 인터뷰에서 한때 아방가르드 연극 감독이 되고 싶어 했음을 밝힌 바 있다. 그는 미국의 소비문화를 사랑하고 빅맥을 게걸스레 먹으며 부시에게 투표하고 픽업트럭을 모는 전쟁광 공화당원의 전형에 경멸을 토로한다. 그가 쓴 글을 보면 수술용 장갑을 끼고 집 밖으로 나서는 사람이 아닐까 하는 생각이 든다.

스펜서는《아메리칸컨서버티브The American Conservative》라는, 나름의 품격을 지닌 반전·반기득권 보수주의 매거진에서 일했지만 극단적인 시각을 내보인 탓에 해고되었고《타키스매거진Taki's Magazine》으로 자리를 옮겼다. 여기서 그는 '대안우파'라는 용어를 자주 썼다. 힐러리 클린턴이 선거 유세 중 연설에서 대안우파를 호명하고,《바이스》같은 리버럴 좌파 성향의 매체들이 스펜서를 특집으로 다루기 시작하면서 그는 점차 주류 미디어에서도 주목을 받게 되었다.

대선 이후 스펜서는 트럼프를 "오늘날의 나폴레옹"이라

✢   나치 독일이 내걸었던 민족주의 슬로건.

부르며 그를 미국의 다문화주의, 페미니즘, 자유주의의 붕괴를 가속화할 사람으로 봤다. 트럼프 당선 후 스펜서는 자신이 대표로 있는 [극우 백인우월주의 로비단체] 국가정책연구소National Policy Institute의 첫 전국회의에서 300명의 회원들과 함께 "트럼프 만세, 인민 만세, 승리 만세!"를 외쳤다. 그들 중 몇몇은 나치식 경례를 하기도 했다. 흥미로운 사실은, 이처럼 트럼프 지지 세력으로서 대놓고 파시스트적인, 혹은 적어도 극우적인 대안우파의 인종주의적 기획의 선언이 마이크 세르노비치 같은 알트라이트와의 분란을 야기했다는 것이다. 세르노비치는 스펜서와 그의 추종자들을 가리켜 공화당 내 기득권인 신보수주의에 반대하는 모든 의견이 파시스트적이라는 인상을 만들어내고자 정부에서 투입한 "관제 시위꾼"이라고 힐난했다. 스펜서와 그 추종자들이 나치 경례를 하는 영상이 공개된 후 세르노비치는 '우파는 건드리지 않는다'는 대안우파의 불문율을 깨버렸다. 그는 백인민족주의 대안우파의 핵심 인물이자 가장 유명한 반유대주의자인 데이비드 듀크David Duke를 "인간쓰레기 도박꾼" "사기꾼"이라고 비난했다.

다분히 이질적이었던 소셜미디어의 젊은 우파 셀럽들은 주류 미디어와 정치적 반대파에 대한 순도 100퍼센트의 증오 아래 결집했지만 트럼프의 당선으로 그들이 주류로 떠오르자 즉각적으로 분열이 일어나기 시작했다. 물론 역사적

　　　　　　　　　　　　인싸를 죽여라

으로 이러한 현상은 주변부적 정치 운동이 갑자기 대중적 성공을 거뒀을 때 거의 항상 나타났던 익숙한 현상이기도 하다. 그들의 그람시적 전략은 모두의 예상을 뛰어넘는 성공을 거뒀다. 그리고 이는 상당 부분 정치와 기성 언론의 붕괴에 따른 혼돈에 기인한 것이었다.

한 가지 부정할 수 없는 사실은 그들이 전통적 미디어나 기득권 정치단체, 또는 기타 제도적인 지원이 전혀 없이 사실상 그들만의 온라인 독점적 대안 미디어를 통해 그들의 사상을 퍼뜨림으로써 큰 성공을 거두었다는 사실이다. 오늘날 온라인 문화전쟁을 보건대 촘스키의 여론조작 모델에서 그람시의 헤게모니·반헤게모니 이론까지를 망라하는 좌파 사상에 가장 세심한 주의를 기울이고 그것을 전략적으로 구사하는 진영은 우파인 것으로 보인다.

정치가
사라졌다

4

뷰캐넌에서
이아노풀로스까지,
보수주의자들의
문화전쟁

대안우파의 주류 세력, 즉 알트라이트를 정치사상과 형식의 측면에서 역사적으로 어디에 위치시켜야 할 것인가? 2016년 대선 국면에서 마일로 이아노풀로스는 꾸준히 "대디"(도널드 트럼프)를 사랑한다고 말하고 다녔다. 그의 말에 따르면 트럼프야말로 "팻 뷰캐넌Pat Buchanan 이후 나타난 진정한 문화적 후보"였기 때문이다. 《블룸버그》에 게재한 약력에서 "정치에는 딱히 관심이 없다"고 밝히는 등 이미 여러 차례 정치에 대한 무관심을 고백한 적이 있는 그는 정치보다 정치에 영향을 끼치는 문화전쟁에 관심이 있다고 말했다.

[하지만] 내가 보기에는 오히려 거꾸로, 지난 반세기에 걸쳐 순수 문화정치가 정치를 완전히 잡아먹은 것 같다. [이

아노풀로스가 말한] 그 문화전쟁으로서의 정치라는 것의 논리적 귀결은 다름 아닌 트럼프-힐러리 대선의 추악한 스펙터클이었다. 트럼프와 새로운 온라인 우파의 출현 이전까지는 리버럴 세력이 상당히 강세였을 뿐이다. 이러한 양상의 정치에서는, 한 정치 지도자가 실제로 무엇을 하느냐의 문제가 그가 어떤 문화정치적 스탠스를 취하는지의 문제에 비해 완벽히 부차적인 것이 되어버린다. 현대 정치에서 리버럴 정치인들은 동성혼에 호의적인 견해를 보이는 한 저기 어딘가에 드론으로 폭탄을 투하해도 용서받는다. 우파 진영도 마찬가지다. 레이건과 대처 집권기에 봤던 것처럼 노동조합을 궤멸할 수만 있다면 안정된 공동체나 가족의 가치를 파괴하는 정책일지라도 언제나 환영이었다. 이아노풀로스와 그의 문화전쟁에서의 온라인 리버럴 적들, 즉 현대 정체성 정치에서 서로를 적대하는 양 진영 모두의 중심이 문화정치뿐이라는 말은 딱히 비난받을 이야기도 아니다.

어쨌든 이아노풀로스가 트럼프를 뷰캐넌과 비교한 것은 흥미롭다. 뷰캐넌이 널리 알려지게 된 계기는 1992년 공화당 전국대회 연설에서 "미국의 영혼을 위한 전쟁"을 선언한 것이었다. 이아노풀로스는 뷰캐넌을 호명하면서 자신이 개진하는 반PC 트럼프주의 온라인 문화전쟁과 1990년대 보수주의 문화전쟁을 연결하고자 했다. 뷰캐넌의 연설은 그 자체로 과거 1960년대의 문화전쟁과 그로 인해 보수 진영이 겪

인싸를 죽여라

어야 했던 대규모의 문화적 상실에 대한 뒤늦은 백래시였다.

이아노풀로스는 자신이 적극 참전했으며 많은 미디어에 노출되었던, 지난 몇 년간 영어권 세계를 휩쓴 정체성 정치의 새로운 물결에 저항하는 전쟁을 뷰캐넌이 벌였던 전쟁의 현대판으로 정의함으로써 스스로를 더 커다란 역사적 서사의 주요 인물로 위치시키려 했다. 이 서사에서 이아노풀로스를 위시한 온라인 트럼프주의 트롤 우파는 1960년대와 1990년대에 차례대로 있었던 문화전쟁만큼이나 역사적으로 중요한 또 다른 위대한 전환을 주도하는 사람들이 된다. 한 가지 차이가 있다면, 이번에는 인터넷 하위문화를 영위하는 젊고 '쿨'한 이들이 주도자들이라는 것이다. 이아노풀로스가 소아성애를 옹호한 인터뷰 파동에도 불구하고 재기할 수 있을지는 아직 지켜봐야 할 일이지만, 트럼프 당선까지 몇 년 동안의 시기를 수놓은 문화전쟁에서 그가 대활약을 했다는 것만은 사실이다. 그렇다면 그가 〈위험한 호모 투어〉에서 한 발언 및 연설과 뷰캐넌의 연설을 비교해보건대 이 두 문화전쟁에는 실제로 얼마나 공통점이 있을까?

뷰캐넌의 [2001년] 저서 《서구의 죽음Death of the West》은 보수주의 진영에서 친시장주의 현대 신보수주의와 경쟁하는 고전적 보수주의 사상에 매우 큰 영향을 미쳤다. 그는 신보수주의를 "세계화주의, 개입주의, 국경 개방 이데올로기"라고 정의했다. 뷰캐넌의 입장에 동조한 반기득권 보수주의자들은 《아메리칸컨서버티브》에 기고하며 이라크 전쟁에 반대했고, 자신들을 우파의 국제주의, 자유시장, 개입주의 분파와 차별화하고자 노력했다. 뷰캐넌은 트럼프 당선 훨씬 전에 타고난 보수로서의 백인 노동계급을 호명했고 세계화와 신자유주의적 무역협정에 반대했으며 이민에 대한 엄중한 단속을 주장했다. 신보수주의가 반소련 좌파의 물질주의에 기원을 뒀다면 뷰캐넌은 애국주의, 민족, 가족, 공동체, 문화적 유산 같은 비물질적인 문제들도 제기했다.

유보적인 입장이긴 했지만, 그는 다음의 발언으로 트럼프 지지를 표명했다. "경제적 민족주의, 세계화의 종언, 무역에서의 미국 우선주의, 국경의 철저한 보안, 하나의 국가와 하나의 민족. 나는 여전히 보수적인 공화당원이지만 이것들이야말로 새롭게 확장된 의제다." 그는 대안우파에 대한 의견을 질문받았을 때 이렇게 대답했다. "아주 젊은 친구들이다. 대부분 이삼십 대일 것이다. 내가 아는 몇몇은 거기에 있다가 나치식 경례에 질려서 나왔다. 미디어는 이런 걸 굉장히 좋아하고 부추기고 있다."

1990년대 보수주의의 문화전쟁은 낙태, 적극적 차별 철폐 조치Affirmative Action, 예술, 검열, 발전, 가족적 가치, 페미니즘, 포르노그래피, 서구 정전에 관련하여 문화적 좌파 세력이 이루어낸 엄청난 성과에 대항하는 운동이었다. 뷰캐넌의 정치 스타일은 대다수 공화당원보다 훨씬 호전적이었고,

문화전쟁에 관련한 그의 연설*은 부인하기 어려울 만큼 매우 훌륭한 문장력과 웅변술을 보여주었으며 미국 역사상 가장 중요한 연설 중 하나로 꼽히기도 한다. 그 연설은 로널드 레이건에 대한 옹호였으며, 뷰캐넌 자신이 경선에서 경쟁했던 공화당 대선 후보 조지 H. W. 부시에 대한 옹호이기도 했다. 하지만 그의 연설에서 대선이라는 전투보다 중요했던 것은 그보다 더 큰 문화전쟁에의 동원명령이었다. "이 나라에서는 종교전쟁이 벌어지고 있습니다. 이것은 문화전쟁입니다. 미국에서 이 전쟁은 냉전만큼이나 미국의 영혼을 지키는 것이므로 중요합니다."

이아노풀로스가 구사한 스타일은 아이러니하고 불경한, 포챈의 금기를 깨는 문화와 [기존] 우파의 정치학을 혼합한 것이다. 다만, 이아노풀로스를 폄하하는 강경 대안우파가 흔히 지적하는 것처럼 '트롤링'을 제외하면 그의 알맹이는 [보수주의가 아니라] 전통적 자유주의와 거의 같다. 이아노풀로스, 트럼프, 포챈 극우, 대안우파는 모두 보수주의를 자처하지만 영미권 국가의 사람들이 공적이고 정치적인 삶에서 보수주의 하면 으레 떠올리는, 열심히 교회에 다니고 강직하고 단정하며 가족의 가치를 중시하는 그런 이미지와는 매우

✤   이 문단에서 언급되는 뷰캐넌의 연설은 1992년 8월 17일에 열린 미국 공화당 전당대회의 기조연설을 지칭한다.

거리가 멀다.

언어 사용에서 사회적 의례 및 정치적 올바름의 억제로부터 자유로워진 이드의 광란으로서, 온라인 세계의 정서는 전반적으로 성경 공부보다는 입에 걸레를 문 듯한 악성 댓글의 정신에 가깝고 전통적 가족의 가치보다 〈파이트 클럽〉을, 에드먼드 버크Edmund Burke보다 사드 후작의 정신을 따른다. 흔히 경제를 둘러싼 전쟁에서는 우파가 승리했고 문화를 둘러싼 전쟁에서는 좌파가 승리했다는 이야기를 한다. 정치학자 월터 벤 마이클스가 지적했듯이, 영미권 리버럴 좌파와 주류 담론의 조직 원리에서 정체성 인정의 문제는 경제적 평등보다 훨씬 더 중요한 문제가 되었다.

그의 지적에 십분 동의하면서, 한 가지 덧붙이고 싶은 게 있다. 오늘날 온라인 우파의 부상은 우파 정체성 정치가 승리를 거둔 결과이기도 하고, 1960년대 좌파의 반문화 및 위반의 형식들이 사회적으로 수용된(이것도 승리라면 승리라고 할 수 있겠다) 결과이기도 하다는 것이다. 자유지상주의, 개인주의, 부르주아 보헤미아니즘, 포스트모더니즘, 아이러니, 그리고 궁극적으로 허무주의까지, 그동안 우파가 좌파에 대해 비판적 낙인을 찍었던 특징들이 이제는 이아노풀로스가 속한 운동의 특징이 되었다. 이아노풀로스와 포챈의 영향을 받은 우익 세력의 부상은 보수주의 부흥의 증거가 아니다. 텀블러 스타일 정체성 정치의 부상이 사회주의 혹은 경제적 좌파의 부흥과 무관한 것처럼 말이다.

《미국의 영혼을 위한 전쟁A War for the Soul of America》에서 앤드루 하트먼이 말했듯 뷰캐넌의 연설에서 소련 공산주의라는 **외부의** 적의 몰락은 보헤미안적이고 위반적이며 자유방임적인 **내부의** 적의 도래를 의미했다. 뷰캐넌은 소련의 몰락을 지켜본 레이건을 옹호하면서도 이제 중요한 것은 비평가 라이어널 트릴링Lionel Trilling이 서구 내부에 존재한다고 말했던 '대항문화'를 포함해 1960년대의 산물이 몰락하는 일을 지휘하는 것이라고 주장했다.

뷰캐넌과 같은 보수주의자들에게 1960년대는 뼈아픈 과거로 기억된다. 반문화 운동이 비트 세대[*]의 보헤미안 스타일을 주류로 끌어올리고, 프랑스 파리에서 미국 캘리포니아까지 학생운동이 터져 나왔던 것은 보수의 패배를 알리는 것이었다. 당시 우파 진영은 트릴링이 말한 '대항문화'에 강하게 천착했다. 대항문화는 기존의 질서에 저항하고 전복하려는 정치적 혹은 지적 문화를 가리키는데, 이는 흔히 위반을 위한 위반이나 반권위주의로 표현되었고 나중에는 학계에서의 점잖은 논쟁으로 이어졌다. 1960년대 이후 학계에서

[✱] 2차 세계대전 시기에 청년기를 보내고 1950년에서 1960년대에 활동한 일군의 작가들로, 사회 규범에 저항하며 마약, 재즈, 섹스 등을 통한 의식의 고양과 해방을 추구했다. '비트(beat)'는 '완전히 지친'을 의미한다. 대표적인 인물로 잭 케루악(Jack Kerouac), 윌리엄 S. 버로스(William S. Burroughs), 찰스 부코스키(Charles Bukowski) 등이 있다.

완전히 자리를 잡은 '대항문화'의 의미는 놀랍게도 이아노풀로스가 [온라인 우익 안에서] 명성을 얻게 된 특징들과 비슷한 점이 많다(위반적, 전복적, 거짓의 폭로, 권력 앞에서 진실을 드러내는 것 등). 이아노풀로스는 오늘날 리버럴문화에 대해 비난하는 모든 것의 원흉으로 학계를 꼽긴 하지만 말이다.

1960년대 운동의 주요 사상가들은 훗날 온라인의 저속한 반PC 우익을 특징짓게 된 것, 즉 비순응주의에 천착했다. C. 라이트 밀스는 그의 책《화이트칼라White Collar》에서 전후 미국을 디스토피아적 순응의 철창으로 묘사했다. 그의 독자들은 비순응, 개인성, 반항의 반문화로써 대안 혹은 해결책을 마련하고자 했다. 당시 영향력을 행사했던 또 다른 반순응주의 사상가 폴 굿맨Paul Goodman은《바보 어른으로 성장하기Growing Up Absurd》라는 책에서 반권위주의, 실험심리학, 사회적 제약과 금기에 대한 거부를 옹호했다. 의무, 직업 윤리, 관료주의적 억압, 회사에 충성하는 사람, 고지식함에 대한 반감은 비트 세대에게서 비롯했으며 이는 반전운동 및 학생운동과 결합해 신좌파를 형성했다.

또한 여기서 지적해야 할 것은, 트럼프주의 온라인 우파는 계속해서 반순응주의와 반문화적 감성에 '문화적 마르크스주의'라는 낙인을 찍으려 하지만, 반순응주의와 반문화는 오히려 공산주의에 대항하는 문화전쟁의 일환으로 미국 정부로부터 독려되었다는 사실이다. 비밀리에 추진된 문화적 연성권력soft-power 계획이었던 문화자유회의Congress for Cultural Freedom를 경유하여 냉전 반공 자유주의자들은 비순응주의와 자기표현, 개인주의를 내세우며 소련의 집단주의, 순응주의, 생산주의의 억압에 맞서고자 했다. 당시 소련은 여전히 군악단, 군합창단, 오케스트라, 발레 등 제복을 입은 1960년대 이전의 반개인주의적 문화 형식을 숭배하고 있었다. 뷰캐넌이 연설한 1992년은 냉전이 종식되고 레이건과 대처 집권기를 지나면서 서구 민주주의 좌파의 경제 기획이 뼈아픈 패배를 겪은 뒤였다. 그러나 사회적·도덕적으로 방임적이고 위반적이며 비순응주의적인 미국 신좌파의 문화적 기획만큼은 큰 성공을 거두었으며, 우파의 초가삼간 다 태워버리는 자유시장 경제학과도 큰 문제 없이 양립했다. 이러한 양립은 비순응주의적인 문화적 제스처만으로 경제적 죄악을 면죄할 수 있었던 토니 블레어·빌 클린턴 시기에 절정에 달했다.

최근의 온라인 문화전쟁은 좌파 진영뿐만 아니라 우파 진영 안에서도 여러 분열을 만들어냈다. 오늘날의 반트럼프 보수주의자들에게 대안우파는 '오쟁이 진 보수'라는 낙인을 찍는다. '유색인종' 외국인 침입자들에게 아내를 빼앗기는, 꼼짝없이 오쟁이 지는 남편과 진배없다는 의미다. 너무 점잔만 빼다가 페미니즘, 이슬람화, 대량 이민 등에 강경하게 대처하지 못하고 결국 국가를 보호하지 못했다는 이유로 신보수주의자와 정통 기독교 우파는 대안우파에게 미움을 받는다.

페페 그림을 올리는 사람들이나 입에 걸레를 문 듯한 마일로 이아노풀로스 팬들과 완벽히 대조적인 인물로는 영국의 보수주의 칼럼니스트 피터 히친스Peter Hitchens를 꼽을 수 있다. 그는 트럼프를 가리켜 이렇게 말했다. "약자만 괴롭히는 짐승 같은 인간, 추행범, 경쟁자를 감옥에 보내겠다고 협박하는 사람 …… 나는 트럼프를 혐오한다. 막말을 일삼고, 상스럽고, 도덕, 전통, 법 따위는 무시해버리는 사람을 혐오하지 않을 이유가 없다." 따라서 트럼프는 정통 보수보다 이아노풀로스의 감수성에 훨씬 가깝다고 할 수 있다. 윌리엄 F. 버클리 주니어William F. Buckley Jr.가 설립한 정통 보수 언론 중 하나인 《내셔널리뷰National Review》도 트럼프를 비난했다. 경선이 진행되는 동안 보수 세력은 분파를 막론하고 "트럼프는 절대 안 돼Never Trump"를 자처했다.

이러한 분열을 이해하기 위해서는 다음의 사실을 기억해두는 것이 좋다. 1960년대 미국의 문화 혁명 이후, 문화적 좌파를 잠식하는 데 성공한 세력은 전통적 보수주의자(구제불능으로 재미가 없고 전근대적이라는 낙인이 찍힌)들이 아니라 확실한 지적 자산을 갖추고 수사학적인 세련됨으로 무장한 신보수주의자들이었다는 사실 말이다. 반공 냉전 좌파 연성권력인 문화자유회의의 프로젝트이기도 했던 잡지 《파르티

인싸를 죽여라

잔리뷰Partisan Review》는 [신보수주의의 창시자로 여겨지는] 노먼 포더레츠Norman Podhoretz가 쓴 "무지한 보헤미안"에 관한 글을 게재했다. 그는 "비트 세대의 원시주의와 자발성 숭배"에 대해 "한 여성과 연을 맺고, 직업을 가지며, 대의를 품고 진지한 태도로 삶을 꾸려갈 능력이 있는 불가해한 인물들을 죽이고자 하는" 욕망의 발로라고 말했다.

앤드루 하트먼이 그의 책에서 자세히 설명했듯이, 초기 신보수주의자 중 대다수는 1930년대 뉴욕시립대를 다니면서 정치학을 접한 뉴욕 거주 유대계 지식인들이었다. 상당수가 노동계급 유대인이며 총명한 학생이었던 이들은 대부분 트로츠키주의자로 시작했고, 뉴욕시립대 카페테리아 1번 골방Alcove No.1에서 모스크바에 충성하는 공산주의자 학생들(2번 골방을 차지하고 있었던)과 논쟁을 벌이며 그들만의 토론 스타일을 구축했다. 훗날 우파로 전향하는 과정에서 이들은 《코멘터리Commentary》와 《인카운터Encounter》에 근무했고, 《인카운터》는 문화자유회의의 전신이 되었다. 거트루드 힘멜파브Gertrude Himmelfarb와 어빙 크리스톨Irving Kristol 같은 작가 및 논객들이 배출된 것도 이 시기였다.

하트먼은 그들이 비록 우파로 전향했음에도 "호전적인 태도, 좌파적 도그마에 대한 단호한 비판과 의심" 같은 "위축되지 않는 정신만큼은 계속해서 키워나갔"으며 "당면한 문제를 근본 원리, 내적 논리, 그리고 무엇보다 중요한 구조와의 관계를 통해 고찰하는 마르크스주의적 관성을 유지했다"고 말했다. 한때 트로츠키주의자였던 만큼, 그들은 교회에 열심히 다니는 기득권 보수주의자라면 절대 하지 못할 방식으로 좌파의 도그마를 직관적으로 비판할 수 있는 능력이 있었다. 오늘날 마일로 이아노풀로스가 표상하는 우파 트롤들은 실제 보수주의자들이 할 수 없는 방식으로 온라인에서의 새로운 정체성 정치를 공격한다. 그들은 대체로 그들의 적인 좌파보다 위반, 반문화, 신랄함의 가치를 더 잘 이해하고 있다.

영어권 국가들에서 문화전쟁 담론의 좌우파 운동은 오랜 세월을 거치며 재구성되고 재사유되고 재정향되어온 정치 나침반political compass에 근거해 구성된다. 특히 계급 정치와 사회자유주의는 언제나 사이좋게 지내지는 않았으며 마찬가지로 사회보수주의와 자유시장 경제학도 신보수주의가 나타나 둘의 융합 공식을 개발하기 전까지는 서로 반목할 때가 많았다. 하트먼이 우리에게 재차 상기시키듯, 윌리엄 제닝스 브라이언William Jennings Bryan✤ 같은 독실한 기독교인은 자본주의에 대한 비판과 가족적 가치에 관한 염려를 병합했고, 1960년대 이전 미국의 대초원 급진주의자들

✤ 1896년, 1900년, 1908년 민주당 후보로 대통령 선거에 출마했다가 모두 낙선한 정치인으로, 19세기 후반에서 20세기 초반 미국 포퓰리즘의 주요 지도자 중 한 명으로 평가된다.

Prairie radicals[**]은 독점 기업과 정실 자본주의에 대한 저항이라는 포퓰리즘적 기치 아래 조직화했다. [1929년부터 1939년까지의] 대공황 이후 수많은 노동자가 노동조합에 가입했다. 이들 노동계급 좌파에게 위반과 문화적 급진주의 사상은 전혀 중요한 것이 아니었다. 1962년 민주사회학생연합Students for a Democratic Society의 〈포트 휴런 선언Port Huron statement〉은 [위반과 문화적 급진주의 사상과는] 전혀 다른 메시지를 담고 있었다. "우리는 이 세대의 인민이다. 소박하고 수수한 안락함 속에서 자랐고, 대학에 몸담고 있으며, 곧 우리가 상속받을 세계를 불안과 함께 지켜보고 있다." 1972년 대선 국면에서 미국노동연맹 산별노조협의회American Federation of Labor and Congress of Industrial Organizations, AFL-CIO[***]는 민주당 후보 조지 맥거번George McGovern에 대한 지지를 표명하지 않았다. 그를 정체성 정치로 변절한 사람으로 봤기 때문이다. 변절의 의미는 민주당이 '새 정치New Politics'를 채택하며 경제적 불평등이라는 기존의 중심을 벗어나 정체성 집단들을 정치의 최전선으로 끌어오려 한다는 것이었다.

그러던 가운데 신좌파 사상가 헤르베르트 마르쿠제 Herbert Marcuse는 '혁명의 필요를 절감하지 않는 분위기에서도

***

[**] 19세기 후반에서 20세기 초반 미국의 포퓰리즘은 농민을 중심으로 한 목가주의의 성격을 띠었고, 이에 따라 '대초원 포퓰리즘'이라고도 불렸다.
[***] 1955년 미국노동연맹과 산별노조협의회가 합병해 만든 노동총연맹.

혁명을 사유하는 것이 가능한가'라는 문제를 제기했다. 그는 혁명의 필요에 대해 다음과 같이 말했다. [혁명의 필요는] "더 나은 노동조건, 더 높은 임금, 더 많은 자유에 대한 필요와 다르다. 이런 것들은 기존 질서 안에서도 충족될 수 있다. 현존하는 질서 안에서 좋은 옷을 사 입고, 식료품을 풍요롭게 비축하고, 텔레비전과 자동차와 집을 소유하는, 혹은 그러고 싶어 하는 사람들에게 질서의 전복이 왜 필요하겠는가?" 마르크스의 공식에서 자본주의는 궁극적으로 궁핍화를 가져오며 이에 따라 도시 산업 노동계급은 혁명적 계급이 될 운명이다. 그러나 마르쿠제에 따르면, 부유한 사회에서는 역사적으로 근대 세계의 양대 혁명적 계급이었던 부르주아와 프롤레타리아가 "더 이상 역사적 변혁의 주체가 아닌 것으로 보인다". 마르쿠제를 비롯해 그의 관점을 공유하는 이들이 보기에 노동계급은 혁명적이기를 멈추고 점차 반동적이며 문화적 보수가 되어갔다. 반면에 인종, 젠더, 섹슈얼리티를 둘러싼 정체성 운동은 그 어느 때보다 더 급진화되고 있었다.

학계에서 일컬어지는 '문화적 전환'은 대학에서 일어나는 당대 논쟁의 초점이 문화로 이동한 급진적 전환을 의미했다. 이는 또한 객관적 진실을 식별해내는 실증주의적 인식론에서 의미의 탐구로 강조점을 옮기는 전환을 의미하기도 했다. 마일로 이아노풀로스와 그의 포챈 트롤 추종자들은 종종

진짜 보수주의의 반포스트모던적 언어를 쓰려고 시도하지
만, 사실 여러 측면에서 이들이야말로 모든 명제가 유사 아
이러니faux-irony, 농담, 다중의 대중문화적 레퍼런스 등의 여
러 층으로 싸여 있는 포스트모던의 완벽한 후손들이다.

　이아노풀로스가 미국에서 인기를 끌며 활동하던 시기,
그의 주적은 단연 페미니즘이었다. 그가 트위터에서 페미니
즘과 암세포 중 무엇이 더 낫느냐는 설문을 한 것만 봐도 그
렇다. 이후 그는 "페미니즘은 암이다Feminism is cancer"라는 슬
로건을 만들고 이를 티셔츠에 새겨 판매하기도 했다. 그는
주기적으로 페미니스트가 "뚱뚱하다"고 하면서, 그가 모욕
적 멸칭으로 즐겨 쓰는 "레즈비언스럽다"라는 딱지를 붙였
다. 여기까지 보면 이아노풀로스와 뷰캐넌 사이에 공통점이
있는 것처럼도 보인다. 하지만 뷰캐넌과 그의 문화전쟁 전사
들은 여성 해방과 동성애자 해방이 동일한 질병의 일부라고
믿었다. 뷰캐넌의 문화전쟁 연설에서 여성과 동성애자라는
두 적은 미국 사회에 도덕적 타락을 몰고 오는 거대한 악의
세력으로 암시된다. 그는 베이비부머 세대의 기득권 정치인
인 힐러리 클린턴을 급진적이라고 오판하고 공격하면서, 빌
클린턴과 함께 묶어 다음과 같이 말했다.

　여러분, 이것이 래디컬 페미니즘입니다. 클린턴 부부가 미
　국의 의제로 삼으려 하는 것, 낙태 전면 합법화 찬성 여부

를 대법관의 리트머스 시험지로 삼겠다든가 동성애자 권리라든가 종교계 사립학교에 존재하는 차별이나 여군 등의 문제 말입니다. 물론 그것도 변화이긴 하지요. 하지만 미국에 필요한 변화는 아닙니다. 미국이 원하는 변화가 아닙니다. 우리가 여전히 하느님의 나라라고 부르는 국가에서 받아들일 수 있는 그런 변화가 아닙니다.

에이즈 위기가 발생했을 때 뷰캐넌은 이렇게 말했다. "불쌍한 동성애자들 …… 그들은 자연에 전쟁을 선포했고 이제 끔찍한 응징을 당하는 것이다." 1969년 스톤월 항쟁의 발생과 동성애자해방전선Gay Liberation Front의 등장은 서구의 성 문화에 엄청난 변화를 가져왔고 이는 보수 진영에 뼈아픈 반성을 불러일으켰다. 마치 부모와 같이, 학생들의 동정을 '보호'하려 했던 정책들을 당시 대학교들이 포기한 것이 기득권 보수 진영에는 커다란 손실이었던 것이다. 이는 마일로 이아노풀로스가 대학생 과보호 정책에 반대하는 운동의 일원이었던 것과 완전히 상반된다. 동성애[에 대한 사회적] 수용은 더 광범위한 성 해방의 시작이었고, 이는 이아노풀로스는 물론이고 텀블러에 상주하는 그의 적들에게도 다양한 방식으로 영향을 미쳤다. 1966년 《타임》은 성자유연맹Sexual Freedom League을 다루었고 1972년에는 [영국 과학자 알렉스 컴포트의] 《섹스의 기쁨The Joy of Sex》이 출간되었다. 성 혁명 철학자 노

인싸를 죽여라

먼 브라운Norman O. Brown은 우리가 '다형적 도착polymorphous perversity'을 억압함으로써 프로이트의 공식에서 '문명화'의 대가를 잘못 치렀다고 주장했다.

이아노풀로스는 동성애자 남성을 칭송하고 페미니즘은 깎아내리려 하지만, 보수주의자의 상상력으로는 동성애자 해방과 여성 해방 모두 서구 문명 붕괴가 임박한 위협이다. 오늘날 대안우파의 서구 문명 쇠락에 대한 집착은 유구한 보수주의 사상에 기원하는데, 이들이 주로 참고하는 문헌은 로마제국 몰락의 원인을 성적 퇴폐에서 찾는 18세기 에드워드 기번Edward Gibbon의 저서 《로마제국 쇠망사The History of the Decline and Fall of the Roman Empire》다. 이아노풀로스가 감탄하며 읽었다는 커밀 팔리아의 저서도 동성애, 성적 문란함, 젠더 유동성과 문명의 쇠락 사이의 인과관계에 천착한다. [역사학자이며] 신보수주의자인 거트루드 힘멜파브는 영국 빅토리아 시대사 전공 학위를 휘두르며, 서구 문명이 근대성의 풍파를 견딜 수 있었던 것은 순전히 빅토리아적 가치 덕분이었는데 그것이 1960년대 동성애자 해방과 성 혁명으로 붕괴해 버렸다고 주장한다.

이아노풀로스는 그의 연설에서 자주 광란의 파티와 음주 가무를 이야기하고 가끔은 마약 관련한 농담을 던지기도 한다. 그는 동성애, 항문 성교 농담, 다수의 흑인 섹스 파트너와 남자친구들을 언급하지 않고는 몇 문장도 이어가지 못한다. 그는 자신의 팟캐스트에서 [보수주의 논객인] 앤 콜터Ann Coulter와 농담을 주고받으며 부모에게 반항하던 시기 흑인 마약딜러 남자친구와 침대에서 뒹구는 모습을 들키는 것에 대한 환상이 있었다고 말한다. 어느 대학 강연에서는 SM 경찰 코스프레 복장에 음경 모양의 성인용품을 들고 나타나 흑인 민권 운동을 조롱한다.

분명한 의도로 타인을 괴롭히는 행위에 대한 세간의 비판에도 이아노풀로스는 대수롭지 않다는 듯 자신의 행동이 영악하고 위트 있는 게이 남성의 태도를 전시하는 것일 뿐이라고 일축한다. 포챈 또한 보수주의보다는 성 혁명의 산물에 가깝다. 포챈은 그곳의 시작부터가 기이한 하드코어 포르노 이미지와 동성애, 이성애, 트랜스젠더, 그리고 그 사이에 있는 모든 것에 관한 이야기들로 가득 차 있었고, 섹슈얼리티에 관련한 모든 도덕적 금기를 위반하며 즐거워하는 문화로 점철되어 있었다.

2016년 플로리다주 올랜도 게이 클럽에서 무슬림에 의한 총기난사 사건이 일어나자 이아노풀로스는 현장으로 가서 애도하는 군중을 향해 연설했다. 그는 이때다 싶어 무슬림 이민 수용 반대를 주장했으며 총기 소지를 옹호하고 나섰는데, 이는 굉장히 미국 중심적인 접근이자 영국 보수주의자라면 전혀 무관심한 의제였다. 총기 소지 찬성은 말할 것도 없이 [미국] 우파에게 강하게 어필할 수 있는 주장이었지만,

이아노풀로스는 [1966년 조직된 흑인 무장 단체] 블랙팬서Black Panther 및 여러 흑인 자경단에 영향을 미친 로버트 F. 윌리엄스Robert F. Williams가 "총을 든 흑인"으로 무장하라고 외친 흑인 동원명령 같은 급진적인 전례를 계승하고 있었다.

그는 또한 팟캐스트를 통해 대중에게 가는 것이 가장 '펑크'스러우며 게이들이 사회 주류의 일원으로 받아들여지는 것은 '지루한' 일이라고 말했다. 이아노풀로스가 앞장선 온라인과 캠퍼스의 문화전쟁에서 비난의 화살은 페미니즘과 다문화주의를 향했고, 게이들은 더 이상 문명의 쇠락을 몰고 올 불길한 존재로 간주되지 않았다. 오히려 이아노풀로스는 우파의 사상들을 빌려 게이를 문명의 구원자로 격상했다. 캠퍼스 투어에서 그는 게이들이 유전적으로 페미니즘과 이슬람에 맞서는 서구 문명의 보호자가 될 운명이라고 주장했다. [그러자 놀랍게도] 지난 수십 년간 동성애자 해방에 반대했던 보수주의자들이 이아노풀로스의 허무맹랑한 소리를 적극적으로 받아들였다. 공동의 적을 몰아내기 위해서라면 수단은 중요하지 않았다. 그러나 이아노풀로스가 수많은 젊은 반항아를 우파로 끌어오는 소임을 다하고 났을 때, 그의 성적 망언과 저속한 행동은 우파에게 골칫거리가 되었다.

뷰캐넌은 마일로 이아노풀로스나 그의 추종자들과 다르게 검열, 특히 포르노에 대한 검열을 적극적으로 지지했으며 [1992년] 문화전쟁 연설에서 다음과 같이 선언한 바 있다.

"미국 대중문화를 오염시키는 더러운 포르노를 작은 마을과 주민단체가 차단할 수 있는 권한을 가지도록 우리는 부시 대통령과 함께할 것입니다." 이아노풀로스의 허세 가득한 페르소나와 흑인과의 항문 성교 관련한 상스러운 농담, '유리 멘탈pearl clutchers'을 향한 모욕적 언사들에 대한 옹호, 절대적인 표현의 자유에 대한 주장, 그리고 그의 다문화 배경*과 뷰캐넌의 연설 사이에는 그 어떤 공통점도 없다.

이아노풀로스는 이러한 차이를 인정하며 다음과 같이 말했다.

> 나에게 대안우파는 무엇보다 진보 좌파가 문화를 옥죄는 방식인 표현의 자유 제한, 지나친 통제, 그리고 권위주의에 대한 문화적 반동이다. 이는 기본적으로 (트럼프도 그렇고 나도 마찬가지로) 1990년대 종교적 우파가 하려던 짓과 똑같이 진보 좌파가 하려는 것에 대한 반동, 즉 무엇을 말할 수 있고 어떻게 표현할 수 있는지를 통제하고 사상을 검증하려는 것에 대한 반동이다.

이아노풀로스가 거론한 문화전쟁에서 뷰캐넌과 우파는 표현의 자유를 해하려 한 유리 멘탈들이었다. 한편 페미니스

✤　이아노풀로스는 그리스인 아버지와 영국인 어머니 사이에서 태어났다.

트 진영에서는 앤드리아 드워킨과 캐서린 매키넌이 포르노 검열을 촉구하는 운동을 주도했다. 1980년대와 1990년대 페미니즘에 대한 백래시가 성공한 이유 중 일부는 페미니스트가 역사적 필패의 운명에 놓인 도덕적 보수주의자들과 연대해 서구 문화의 성적 자유주의에 대항한 결과이기도 했다. [보수주의 정치평론가] 윌리엄 F. 버클리 주니어는 자신의 텔레비전 쇼 〈사선에서The Firing Line〉에서 포르노 금지법에 관해 앤드리아 드워킨의 의견에 동의한다는 입장을 밝히기도 했다. 한번 상상해보자. 만약 이아노풀로스가 1968년 대선 토론회에서 윌리엄 F. 버클리와 [진보주의 정치평론가이자 소설가인] 고어 비달Gore Vidal이 붙었던 악명 높은 논쟁을 봤다면, 아마도 그는 고어 비달의 편을 들었을 것이다. 마일로의 자유주의와 특유의 익살스러운 레토릭 스타일은 버클리에게 너무나 혐오스러웠던 비달에 가까운 것이다.

대안우파는 자신들의 운동을 미국 기득권 보수 진영에 대한 반동이라고 설명해왔다. 그들에 따르면 버클리적 운동과 신보수주의 사이에는 '심오한 연속성'이 존재하기 때문이다. 스펜서는 이렇게 말한 바 있다. "좌파가 우파고 대안우파가 새로운 좌파"이며 "우리야말로 불가능을 사유하는 사람들이다. 생각할 수 없었던 것을 생각하는 사람이 바로 우리다." 대안우파는 [스펜서가 설립한] 《래딕스저널Radix Journal》에서 러시아 이론가 알렉산드르 두긴Alexandr Dugin과 프랑스 신우파 알랭 드 브누아Alain de Benoist를 끌어들이며 자유민주주의, 마르크스주의, 파시즘을 통합해 새로운 정치적 이데올로기로 대체하는 '제4의 정치 이론'을 개진한다. 기득권 보수진영으로부터 자신이 숙청되었다고 주장하는 피터 브리멜로Peter Brimelow, 존 더비셔John Derbyshire 같은 우익 논설가들도 대안우파의 일부를 차지했다. 케빈 디애나Kevin DeAnna가 [2009년 《타키스매거진》에 발표한] 대안우파에 관한 유명한 에세이 〈대안우파: 보수주의의 불가능성The Alternative Right: And the Impossibility of Conservatism〉에서 설명했듯 대안우파는 주로 정치적 기득권 보수주의 세력에 반대한다.

대안우파는 무언가를 하겠다고 약속하는 것보다 무언가를 부숴버리겠다고 약속하는 것이 더 많다. 이러저러한 제도와 기관을 만들어 전통을 지키고자 하는 버크주의적 보수주의 운동의 정신과는 판이하다. 게다가 대안우파는 미국의 보수주의가 그 무엇보다 소중히 여기는 것을 파괴하려 든다. 예컨대 미국 예외주의에 종언을 고하는 것이다. 알렉시 드 토크빌Alexis de Tocqueville의 《미국의 민주주의De la démocratie en Amérique》가 강조한, 미국이라는 국가의 탄생은 핏줄과 토양이 아니라 이념에 근거하여 이루어졌다는 특별성을 부정한다. 복스 데이Vox Day✝가 웹진 《라이트스터프The Right Stuff》에 기고한 〈미국은 이념이 아니다〉 〈미국을 건설한 것은 이념이 아니다〉나 《브이데어VDARE》라는 웹진에 기고한 〈'발의 국가

Proposition Nation'라는 신화〉 등의 글은 이러한 부정을 확실히 보여준다.

결과적으로 뷰캐넌은 다른 정통 보수주의자들과 함께 트럼프 지지를 표명했고, 이아노풀로스와 그가 표상한 모든 것을 혐오했던 사람들도 시류에 편승하며 생각을 바꾸어 트럼프와 온라인의 저속한 '펑크' 우파 난봉꾼들의 편에 섰다. 뷰캐넌이 벌였던 문화전쟁에서 패배한 이들이 자신들의 생각을 조금이라도 관철시키는 데 남아 있는 유일한 전략은 추행을 일삼고 색을 밝히는 저속한 대통령 후보를 지지하고, 뷰캐넌 같은 사람이라면 어느 모로 보나 반대할 수밖에 없는 이아노풀로스와 그를 추종하는 온라인 인종차별주의자, 입에 걸레를 문 듯하고 포르노에 중독된 허무주의자들로 가득한 세력의 편에 서는 것이었다. 이아노풀로스, 트럼프, 대안우파의 부상은 보수주의의 귀환을 알리는 현상이 아니다. 이는 오히려 비순응주의, 자기표현, 위반을 위한 위반과 반권위주의 그 자체(좌우를 불문하고 이드와 개인의 해방 이외에는 그 무엇도 믿지 않는 이들에게 딱 맞는 감성)로 점철된 문화가 절대적 헤게모니를 차지했다는 증거라고 해야 할 것이다. 무원칙적 반문화의 사상은 사라지지 않았다. 그것은 다만 신우파의 양식이 되었다.

✤ 　본명은 시어도어 로버트 빌(Theodore Robert Beale)이며 극우 성향 작가이자 활동가, 뮤지션, 게임 디자이너다.

소환하고
낙인찍고
숙청하기

5

텀블러에서
캠퍼스 전쟁까지,
분열하는 좌파

젊은 세대로부터 출현한 신우익의 감수성은 담론의 범위를 생각보다 훨씬 더 오른쪽으로 급격히 이동시켰다. 이러한 현상을 설명하는 몇 가지 논리가 있다. 하나는 그러한 감수성이 대학 캠퍼스와 트위터, 그리고 유튜브의 표면 위로 떠오르기 훨씬 이전부터 텀블러 같은 플랫폼이 대표하던 새로운 정체성 정치의 적대적인 온라인문화에 맞서는 식으로 성장하고 있었다는 것이다. 새로운 정체성 정치는 우파 진영의 발언을 제한하고, 인종과 젠더 이슈에 관한 담론의 창을 왼쪽으로 확장하고자 했다. 이 과정에서 문화적 좌파의 레토릭은 반남성, 반백인, 반이성애, 반시스젠더로 점철되었다. 텀블러로 대표되는 자유주의적 온라인문화는 비주류 사상을 주류로 끌어올리는 데도 성과를 거뒀다. 챈문화의 충격적인 저속함과는 대조적으로 극도의 민감함을 보이지만 하위문화적이며 급진적이라는 점은 비슷했다.

트럼프 당선의 여파로 광의의 '좌파'는 전례 없는 분열을 겪었다. 특히 리버럴 좌파와 경제적 좌파materialist left✤ 사이의 엄청난 철학적 괴리와 적대는 서로를 향한 모욕적 언사들로 나타났다. [리버럴 좌파는] 힐러리 클린턴의 패배에 원통해하며, "버니라면 이겼을 것"이라고 주장하는 사회주의자들에게 "브로셜리스트"라는 꼬리표를 붙이고 오만한 "백인 놈들"이라 불렀고, 이에 맞서 [경제적] 좌파는 리버럴이 설교적이며 자신들이 '깨어 있음'을 과시하는 텀블러 스타일의 정체성 정치가 좌파를 망가뜨렸다고 비난했다. 리버럴에 적대적인 좌파에게는 브로셜리스트, 버니브로스뿐만 아니라 '대안좌파'라는 멸칭이 붙기도 했다. 이처럼 '좌파' 안에서 발생한 균열을 살피는 일과, 우익의 적대적 문화만큼이나 매 순간 상당한 반향을 불러일으키며 여러 플랫폼에서 널리 퍼져나가고 끊임없이 소란스러웠던 온라인 좌익 정체성 정치의 문화적 얼개를 그려보는 것은 가치가 있는 일일 것이다.

2014년 당시 주류 언론사의 신문만 읽던 사람들은 당혹

✤   materialist left는 '유물론적 좌파'로 직역되지만 맥락상 주로 문화적 문제에 천착하는 리버럴 좌파에 대적하는 진영을 가리키는 것으로 판단되어 '경제적 좌파'로 옮겼다.

감을 느꼈다. 페이스북은 [기존에 남성과 여성으로만 구분되어 있던 성별 선택 항목을] 50개 이상의 젠더 정체성 항목으로 제시하겠다고 밝혔고, 같은 시기 대학에서는 안전 공간, 트리거 워닝, 노플랫포밍no-platforming,^{**} 성별 인칭대명사를 둘러싼 캠퍼스 전쟁이 불거지고 있었다. 페이스북이 한 일이라고는 수년 전부터 일찍이 나타났던 온라인 하위문화와 그것을 탄생시키고 또 그로부터 발생하기도 한 젊은 세대의 정치적 하위문화를 참고한 것뿐이었다. 이 새로운 문화(우파는 이들을 SJW나 눈송이snowflake라고 부른다. 여기서는 텀블러 리버럴이라고 부르겠다)의 중심에는 정신질환, 신체적 장애, 인종, 문화적 정체성과 '교차성'([젠더, 인종, 민족, 계급, 장애 등] 다양하게 교차하는 주변화와 억압을 인식하는 개념의 학계 용어) 등의 문제를 탐구할 수 있는 안전 공간을 확보하는 것, 그리고 젠더 유동성이 있었다. 이러한 정치적 감수성의 기원은 학계와 운동권 문화에서 찾을 수 있지만, 힐러리 클린턴이 '당신의 특권을 알라'라는 슬로건과 '교차성' 같은 용어를 사용할 만큼 주류로 출현하게 된 것은 수년간 텀블러와 그 이전의 플랫폼인 라이브저널LiveJournal 같은 플랫폼에서 성장한 팬문화와 소셜미디어의 결합으로 가능했다.

** 인종주의, 여성혐오 등 정치적으로 올바르지 않다는 혐의가 붙은 인사의 공적 발언권에 집단적으로 거부권을 행사하는 행위를 의미한다.

새로운 정치적·미적 감수성의 출현에서 온·오프라인 근원이 무엇인지에 대해서는 다양한 의견이 있지만 텀블러는 그것의 고유한 언어와 형식(극우 포챈의 거울상이라고도 할 수 있는)을 구축한 가장 중요한 플랫폼 중 하나였다. 월터 벤 마이클스는 리버럴의 의제가 "경제적 불평등보다 다양성의 인정"에만 천착한다고 비판한 바 있는데, 텀블러는 급격히 증식하는 정체성들의 세목과 사소한 차이들, 구조적으로 누적된 문화적 편견으로 입은 정서적 상처에 기반한 정치가 극단으로 치달은 곳이었다. 상징적 재현의 다양성과 이에 대한 인정은 그 자체로 목적이 되었고, 이를 인정하지 않는 사람들에게는 '나의 정체성을 지워버렸다'고 꾸짖었으며 [당신이] 백인·이성애자·남성·시스젠더라면 그저 '듣고' '믿으라고' 강하게 요구했다. 이러한 온라인문화의 부상과 함께 대학에 진학한 밀레니얼 세대를 오늘날 보수 성향 언론들의 표현처럼 '눈송이 세대'라고 묶어낼 수 있다면 텀블러는 이들의 선봉이었다.

1949년 프랑스의 페미니스트 철학자 시몬 드 보부아르는 "여성은 태어나는 것이 아니라 되는 것이다"라고 썼다. 1990년 주디스 버틀러Judith Butler는 《젠더 트러블Gender Trouble》을 통해 보부아르의 명제를 몇 단계 더 밀고 나갔다. 혹은 ['젠더 트러블'이라는] 문자 그대로, 섹스, 젠더, 섹슈얼리티 범주의 일관성이란 교양 있는 것으로 형식화된 신체적 행위의 반복을 통해 전적으로 구성된 것이며, 이것이 본질적이고 존재론적인 '핵심' 젠더의 외형을 만들어낸다고 말했다.

2010년 초, 텀블러 이용자들은 버틀러의 이론을 실천으로 옮기며 완전히 하위문화적인 슬로건과 언어, 그에 맞는 스타일을 창조해냈다. 텀블러 문화정치의 가장 두드러진 관심사는 정체성의 유동성이었다. 주로 젠더에 결부된 것이었지만 반드시 젠더에 한한 것은 아니었다. 이는 주디스 버틀러의 사상이 하위문화적으로, 디지털적으로 표현된 것이라고도 할 수 있을 것이다. 수년 동안 젊은이들은 완전히 사회적으로 구성된 젠더의 특성과 개인이 정체화하고 또 옮겨 다닐 수도 있는 사실상 무한에 가까운 선택지에 대해 설명하고 토론하는 이야기로 텀블러를 가득 메웠다.

다음에 열거하는 항목은 끝없이 늘어나 이제 수백 가지에 이르는 정체성 중 일부다. 모두 텀블러에서 직접 인용했다.

알렉시젠더Alexigender: 하나 이상의 젠더들 사이에서 유동하는 젠더. 하지만 주체는 그 젠더가 정확히 무엇인지 알지 못한다.

앰비젠더Ambigender: 두 가지 젠더를 동시에 느끼지만 두 젠더 사이에서 유동적거나 전환되지는 않는다. 때때로 바이젠더bigender와 같은 의미로 쓰일 수 있다.

앤시젠더Anxiegender: 불안증의 영향을 받는 젠더.

케이던스젠더Cadensgender: 음악에 쉽게 영향받는 젠더.

캐스플럭스Cassflux: 젠더가 중요하다고 여기는 관심의 정도가 변화하는 젠더[전혀 중요하지 않다고 느끼는 데서부터 매우 중요하다고 느끼는 사이를 오간다].

데이모젠더Daimogender: 악마 및 초자연적인 것들과 관련된 젠더.

익스펙젠더Expecgender: 주변에 어떤 사람이 있느냐에 따라 달라지는 젠더.

페이젠더Faegender: 춘분과 추분, 계절, 달의 주기에 따라 달라지는 젠더.

피스젠더Fissgender: 바이젠더나 데미젠더demigender와 비슷하게 몇 가지로 분열되는 젠더 경험.

젠더에일Genderale: 설명하기 힘든 젠더. 주로 식물, 약초, 액체와 관련이 있다.

킨젠더Kingender: 아더킨otherkin과 관련되어 있는 젠더.

레비젠더Levigender: 딱히 느껴지는 게 별로 없는 가볍고 피상적인 젠더.

네크로젠더Necrogender: 한때 젠더가 있었지만 지금은 '죽었거나' 존재하지 않는 젠더.

옴니게이Omnigay: 자신의 젠더 변화에 따라 끌리는 젠더도 바뀐다. 언제나 자신과 같은 젠더에 끌린다.

페리젠더Perigender: 특정 젠더에 동일시하지만 정체화하지는 않는다.

폴리젠더플럭스Polygenderflux: 하나 이상의 젠더를 가지며 그 강도는 가변적이다.

테크노젠더Technogender: 사회 공포증 등의 이유로 테크놀로지/온라인을 경유할 때만 젠더에 대해 편안함을 느낀다 (불안 장애가 있는 사람에게 특화됨).

조이Xoy: 논바이너리보이, 혹은 논바이너리보이에 가까운 젠더로 정체화한 사람.

절Xirl: 논바이너리걸, 혹은 논바이너리걸에 가까운 젠더로 정체화한 사람.

텀블러에 소개된 이 젠더 정체성들은 아더킨이라 불리는 정체성 유동성의 또 다른 온라인 하위문화와 직간접적인 연관이 있다. 위키피디아에 따르면 아더킨은 "부분적으로 혹은 완전히 비인간적인 것"에 스스로를 정체화하는 사람들이 형성한 하위문화로, 이를테면 "천사, 악마, 드래곤, 요정, 엘프, 도깨비, 외계인, 만화 캐릭터" 등 판타지나 대중문화 혹은 신화에 등장하는 것들로 자신을 정체화하는 것이다. 어떤 이들은 자신이 '영적으로 외형을 변화'할 수 있다고 주장하는데, 이는 실제로 신체가 변화한다는 게 아니라 그러한 생명체들creatures의 감각을 체험한다는 뜻이다. 물론 다른 온라인 하위문화가 그러하듯 텀블러 이용자들이 아더킨을 언급할 때의 태도는 자기 인식적이며 괴짜스러운 하위문화에 참여한다는 점을 자조하는 자기 반영적 퍼포먼스, 즉 자기 패러디의 성격이 강하다. 그럼에도 불구하고 정체성의 유동성이 극단적으로 발현될 때 그것이 어떻게 나타날 수 있는지에 대해서는 시사하는 바가 크다.

젠더 비순응주의는 역사가 길고, 성 혁명과 동성애자 해방 운동이 시작된 이후로는 더욱이 주류로 떠올랐지만 앞서 말한 준정치적 온라인문화는 전혀 예상하지 못한 커다란 영향력을 행사했다. 이와 유사한 또 다른 소수 온라인 하위문화로는 스스로를 영유아나 장애인으로 정체화하는 비장애인들을 포함하며 이들 중 일부는 자신이 정체화하는 장애인이 되고자 스스로 눈을 멀게 하고 신체를 절단하거나 부상을 입히기도 한다. 현재 온라인 우파는 서구 몰락의 근거로 항상 이러한 예들을 제시한다. 이러한 맥락을 염두에 둔다면, 우파가 상대적으로 주변부적인 [텀블러에서 두드러지는] 하위문화에 집착하는 것과 리버럴이 조그만 온라인 하위문화로부터 탄생한 주변부적 신온라인 우파 세력에 집착하는 것은 대칭적이라 할 수 있다. 다시 말해, 텀블러가 낯설고 기이한 정치적 감수성을 만들어내는 데 행사한 영향력은 극우 챈문화의 그것과 동등한 중요성을 가진다는 것이다.

아돌프 리드 주니어 [미국 펜실베이니아대학교 정치학] 교수는 종종 리버럴이 더 이상 실제 정치를 믿지 않으며 "고통을 증언"할 뿐이라고 말했다. 고통, 나약함, 취약함에 대한 숭상은 현대 리버럴 정체성 정치의 핵심이 되었으며 이것이 텀블러 같은 [사이버] 공간을 통해 표현되고 있다. 이러한 경향은 젠더 유동성에 중점을 두는 [다른 여러 온라인] 커뮤니티에서도 흔하게 목격되며 구성원들은 자신이 장애 및 정신건강 문제를 가지고 있다고 밝힘으로써 극도로 취약하고 고통스러운 존재임을 자처한다. 이들이 설명하는 장애 중 일부는 그 원인이 심리적인 것이거나 현대 의학에서 진단되지 않는 것들도 있다. 이러한 예의 한 가지는 '스푸니spoonies' 정체성이다. 이는 주로 젊은 여성들이 취하는 정체성이자 온라인 하위문화로, '스푸니'를 자처하는 사람들은 스푼 모양 장신구를 달거나 스푼 모양의 문신을 하고 소셜미디어 프로필에 '스푸니'라고 써서 자신의 정체성을 표시한다.

'스푸니'가 유행하게 된 계기는 이른바 '스푼 이론spoon theory' 때문이었다. 2003년 크리스틴 미세란디노Christine Miserandino가 자신의 블로그 '그런데 넌 전혀 아파 보이지 않잖아ButYouDon'tLookSick.com'에 〈스푼 이론The Spoon Theory〉([실제 존재하는 이론이 아니라] 비유적 표현이다)이라는 에세이를 게시했다. 이 글에서 그는 한 친구와의 대화를 상기한다. 친구는 그에게 눈에 보이는 증상이 없는 질병을 갖는다는 게 어떤 일인지에 관해 물었다. 미세란디노는 테이블에 놓여 있던 스푼 여러 개를 집어 들고 하나씩 내려놓았다. 그가 내려놓은 개개의 스푼은 하루 동안 일어나는 일상적인 사건이나 해야 하는 행위를 나타내며 누구에게나 일상에 쓸 수 있는 에너지가 유한하고 [자신의 경우에는 그 에너지가] 극히 제한 적임을 보여주었다. 장애에 관심을 기울이는 것은 인류가 지난 몇 세기 동안 해온 일이고 여기에는 어떤 논쟁의 여지도 없다. 하지만 [이 글로 촉발된] 온라인상의 스푸니 현상은 텀블러 정체성 정치의 모든 하위문화를 특징짓는, 어떤 준정치적 열의를 띠는 하위문화가 되었다. 종종 교차성을 말하거나 래디컬 페미니스트를 자처하기도 하는 젊은 여성들이 자신의 스푸니 정체성을 드러내며 잘 알려지지 않은, 진단되지 않고 보이지 않는 질병에 대해 적절하게 반응하지 않는 사람들에게 타인의 정체성에 대한 감수성이 부족하다고 비난했다.

자학은 새로운 정체성 정치의 또 다른 특징으로, 이는 특히 해당 하위문화의 일원 중 백인, 남성, 이성애자 시스젠더, 비장애인에게서 나타난다. 이들은 기꺼이 '자신의 특권을 확인'한다('특권을 확인하라'는 말은 텀블러 리버럴문화에서 핵심적인 슬로건으로, 우파는 이를 종종 패러디한다). 이러한 특권 확인의 문화는 주류 담론으로도 확산되었으며 안티게이머게이트 칼럼니스트 아서 추Arthur Chu는 트위터에서 다음과 같이 말한 바 있다. "페미니즘을 지지하는 남자로서 가끔은 남자들을 한데 모아 절벽으로 이끈 다음 다 같이 바다에 뛰어들고 싶어질 때가 있다." 도널드 트럼프가 당선된 다음 날 아침, 칼럼니스트 로리 페니Laurie Penny는 트위터에 이렇게 남겼다. "백인 리버럴로서 항상 죄책감을 갖고 있었지만 오늘은 처음으로 내가 백인이라는 사실에 공포감과 수치스러움을 느꼈다."

하지만 그 모든 취약성과 자학의 과시에도 불구하고 이 하위문화의 구성원들은 종종 익명으로 페페 밈을 올리는 상대 진영과 다르지 않게 키보드의 안전망 뒤편에 숨은 채 극단적인 악랄함과 공격성으로 행동할 때가 있었다. 뉴욕대학교 [스턴 경영대학원] 교수 조너선 하이트Jonathan Haidt가 《애틀랜틱》에 게재한 유명한 에세이 〈미국 정신의 응석받이The Coddling of the American Mind〉✣는 지난 수년간 대학 캠퍼스에서 이러한 감수성이 어떻게 주류화되었는지에 대한 일종의 대답이었으며 '눈송이 세대'를 주류 담론으로 끌어올렸다. 하지만 이미 그 이전부터 주변부적 인터넷 공간의 하위문화와 정체성 정치는 집단공격과 집단적인 망신 주기를 통해 정치적 환경에서 타인의 삶과 평판을 가차 없이 망가뜨리려는 악랄한 시도, 취약성, 그리고 피해의식이 뒤섞인 문화를 조성했으며 이후 이러한 행위는 '크라이불링cry-bullying'이라고도 불

✣ 같은 제목으로 단행본이 출간되었으며, 한국어판의 제목은 《나쁜 교육》이다.

렸다.

우파가 온라인 정체성 정치라는 이 기이한 세계에 대해
비판을 전개하는 동안, 마르크스주의 비평가 마크 피셔Mark
Fisher는 〈뱀파이어 성에서 탈출하기Exiting the Vampire Castle〉라
는 폭발적인 에세이를 발표했다. 이 글은 [우파로부터의 비판
보다] 텀블러 리버럴 및 '특권을 확인하는' 정체성주의 좌파
를 더 크게 자극했고, 이전보다 더욱 악랄한 공격과 비방, 집
단적 망신 주기로 번졌다. 이 글로 말미암아 젊은 세대 내의
좌파 감수성에는 분열이 일어났고 경제적 좌파 진영과 순수
정체성 정치에 천착하는 진영 사이에 커다란 틈이 발생했으
며 이는 지금까지도 좁혀지지 않고 있다. 피셔는 다음과 같
이 썼다.

'좌익' 트위터는 종종 사람을 비참하게 만들고 기를 꺾는
공간이 된다. 올해 초 트위터에는 몇 차례 폭풍이 일었는
데, 좌파로 불리는 몇몇 인물들이 '소환'되어 낙인찍히고 비
난받은 일이었다. 그들의 발언에 반발의 여지가 전혀 없는
것은 아니었지만 그들을 사적으로 악마화하고 내쫓아버리
는 방식은 어떤 끔찍한 잔여물을 남겼다. 불쾌한 가책과 마
녀사냥을 일삼는 도덕주의의 악취가 그것이다. 내가 이러
한 사건들을 이제껏 거론하지 않은 까닭은 부끄럽게도 두
려움 때문이었다. 불량배는 운동장의 다른 편에 있었다. 나

는 관심을 끌고 싶지 않았다.

하지만 그는 [이 글로] 확실히 관심을 끌었다. 이후 수년간 피셔가 겪은 사감 섞인 보복성 집단괴롭힘은 근거 없는 여성혐오, 인종차별주의, 트랜스 혐오의 혐의 제기를 포함했고 이는 감히 텀블러 좌파의 핵심 감수성에 의구심을 표하는 자들에게, 그중에서도 특히 좌파적 관점에서 의구심을 제기하는 자들에게 가해지는 공격의 전형이 되었다. 이러한 온라인 '취소문화'의 가장 기이한 특징은 그 안에 수행적 취약성, 정치적 올바름에 대한 독선, 그리고 괴롭힘이 혼합되어 있다는 것이다. 이러한 낙인문화의 온라인 동역학은 피셔가 [〈뱀파이어 성에서 탈출하기〉를 통해] 훌륭하게 설명하듯 "파문하고 단죄하려는 사제의 욕망, 사소한 실수부터 찾아내려는 관료의 욕망, 배타적 그룹의 일원이고자 하는 힙스터의 욕망으로 추동된다". 나는 여기에 지대추구를 덧붙이고 싶다. 덕목virtue이 화폐로 기능하는 세계의 지대추구는 우파의 트롤링 문화를 배태한 익명성의 지하세계에 저항하는 힘으로 작동하는 동시에 한 사람의 커리어나 사회적 지위를 좌우하는 방식으로도 작동할 수 있다.

피해의식victimhood과 냉담함이 동시에 분출된 수많은 사례 중 하나를 얘기하자면, 2016년 플로리다의 디즈니 리조트에서 두 살배기의 한 아이가 악어에게 잡혀 늪으로 끌려갔다는 뉴스가 보도된 적이 있었다. 아버지의 노력에도 불구하고 결국 아이가 사망했다는 그 소식을 접한 평범한 사람들은 이를 매우 슬픈 이야기로 받아들였다. [그러나] 수많은 사람이 구독하는 텀블러 페이지를 운영하며 1만 1,000명 이상의 팔로워를 보유한 트위터 이용자 '브리엔 오브 스나스Brienne of Snarth'는 아이의 죽음을 애도하는 아버지를 향해 '백인 특권'을 운운하며 비난했다. 온라인에서 그의 활동은 텀블러 스타일 정체성 정치의 특징과 일치했고, 백인 특권을 절규하는 이들 중 가장 큰 목소리를 내는 사람들이 흔히 그러하듯 그 역시 백인이었다. 그는 이렇게 썼다. "백인 특권에 너무 질려서 이제는 두 살짜리 애가 악어한테 잡아먹힌 것도 별로 슬프지가 않다. 애 아빠가 경고판을 무시해서 그렇지. 플로리다에는 물가에 가까이 가지 말라는 망할 경고판이 분명히 있었다고. 경고는 좆까라 이거야?" 이 트윗이 널리 알려지자 대다수 일반인은 분노를 표했으며 알트라이트를 포함한 대안 우파는 현대 좌파의 퇴보를 알리려는 의도로 이 글을 퍼 날랐다. 그러는 동안 온라인 텀블러 리버럴은 그를 옹호하기에 바빴다.

이용자들이 팔로워를 늘리기 위해 서로 경쟁하고 뒤처지는 팔로워수를 적절한 올바름 과시 행위로 끌어올릴 수 있었던 트위터의 초창기, 아직 널리 알려져 있지 않았던 인사들은 트위터를 통해 전통적 미디어보다 훨씬 효율적으로 더 많은 팬을 확보할 수 있다는 것을 깨달았다. 초반에는 비난조 혹은 유아독존의 태도로 인종차별주의, 성차별주의, 성소수자 혐오를 고발하는 것이 즉각적이고 확실한 방법이었다. [이에 따라] 공개적인 소셜미디어 플랫폼은 도덕적 허영의 정치를 배태하며 문화전쟁의 산실이 되어갔다. 그러다 머지않아 비밀이 밝혀졌고 어느새 모든 사람이 그러한 행동을 하고 있었다. 그러자 소셜미디어를 문화적 자본으로 삼았던 이들이 가진 덕목이라는 화폐의 가치가 갑자기 평가절하될 위기에 놓였다. 추론컨대 그 결과, 그토록 귀중한 [덕목이라는] 화폐를 둘러싸고 경쟁자들 사이에 광범위한 숙청 문화가 발생해야 했던 것이다. 따라서 공격은 분명한 인종차별주의나 성차별, 성소수자 혐오에 연루된 사람들을 넘어 점점 더 다른 리버럴이나 좌파를 향했고, 여기에는 리버럴 혹은 좌파로서 흠결 없는 자격을 지닌 것처럼 보이는 이들도 예외가 아니었다.

한 남성이 알바그다디Al Baghdadi✦에 충성을 맹세한 뒤 게이 클럽에서 총기를 난사한 올랜도 총기난사 사건 이후, 수백만 명의 트위터 이용자들은 다 같이 슬픔과 절망을 공유했다. 동성애자 인권을 지지하는 정서가 집단적으로 표현되는

✦ 이슬람 근본주의 테러 단체 IS를 만들고 지도한 인물로 2019년 자폭해 사망했다.

그 순간에도 덕목이 지나치게 넓고 얕게 퍼지는 것을 경계하는 지대추구의 숙청 프로레스가 폭주했다. 교차성을 강조하는, 트위터에서 꽤 유명한 한 이용자는 해당 사건을 미국 사상 최악의 총기난사 사건이라고 말하는 사람들을 지적하며 "운디드니 학살*이야말로 최악의 사건"이라고 꾸짖었다. 이와 비슷하게 또 다른 트위터 이용자들은 언론에서 [라틴계를 뜻하는 성 중립 명사] '라티넥스Latinx'가 아닌 [남성형 명사] '라티노Latino'와 [여성형 명사] '라티나Latina'를 쓴 데 격분했다.** 어떤 이들은 총기난사범의 범행 동기가 IS나 그 지도자에 대한 충성 맹세가 아니라 정신질환을 앓고 있었기 때문이라는 사실을 알리고자 애썼고, 곧이어 또 다른 이들이 장애인을 차별하지 말라며 화를 냈다. 수백 명이 모여 잔혹한 사건의 희생자들을 애도하는 현장에서 한 젊은 여성은 군중을 향해 이렇게 외쳤다. "여기 죄다 백인밖에 없네요. 이건 장난이 아

✤ 1890년 12월 29일에 발생한 운디드니 학살(Wounded Knee Massacre)은 19세기 말 미국이 원주민을 탄압하는 과정에서 300명가량의 북아메리카 원주민을 학살한 사건이다.

✤✤ 사건 당일 올랜도 게이 클럽에서는 '라티노의 밤'이라는 행사가 열렸고 이에 따라 희생자 대부분이 라틴계 사람이었다. 한편, 성 중립 명사 '라티넥스' 사용과 관련해 정작 대다수 라틴계는 영어식 용례로 어미를 -x로 바꾸는 것이 스페인어의 전통과 맞지 않는다는 점에서, 백인 리버럴의 시혜적 시선만 느껴진다는 점에서 불쾌감을 표한다. 이에 따라 2021년 12월, 미국 최대 라틴계 시민단체인 라틴아메리칸시민연합(League of United Latin American Citizens)은 모든 공식 문서에서 '라티넥스'를 사용하지 않기로 의결했다.

니라고요…… 당신들 누구를 애도하러 온 거예요?"

잘 알려지지 않은 인터넷 하위문화에서 시작된 이 역학 관계는 훗날 표현의 자유, 트리거 워닝, 서구 정전, 안전 공간을 둘러싼 캠퍼스 전쟁으로 번졌다. 전쟁을 경험한 적이 없지만 외상 후 스트레스 장애가 있다고 주장하는 젊은 여성들이 생각 외로 너무 많아서 이들을 위해 사전에 트리거 워닝을 표시해야 했다. 이들은 위대한 고전문학의 한 구절이든 '젠더는 두 개뿐이다'라는 꽤나 흔한 의견이든 조금이라도 불편한 무언가가 언급되면 과학적 근거 없이 '트리거가 눌렸다'고 주장했다.

이 모든 것은 [호주 태생 페미니스트 작가] 저메인 그리어 Germaine Greer가 [영국] 카디프대학교에서 〈여성과 권력: 20세기의 교훈〉이라는 강연을 한다고 공지되었을 때 절정에 달했다. 카디프대학교 총학생회의 여성부 임원인 레이철 멜휘시Rachel Melhuish는 그리어의 방문이 '해롭다'고 결론을 내린 뒤 취소를 촉구하는 성명서를 발표했다.

> 그리어는 지속적으로 트랜스여성에게 잘못된 성별을 붙이고 트랜스 혐오의 존재를 전면 부정하는 등 트랜스여성에 대한 여성혐오적 시각을 몇 번이고 드러냈다. …… 대학은 캠퍼스에서 가장 취약한 존재들의 목소리를 우선으로 여겨야 하며 이들을 더욱 주변화하려는 사람을 강연자로 초

대해선 안 된다. 우리는 카디프대학교에 강연 취소를 촉구한다.

이 성명서는 2,000명이 넘는 이들의 서명을 받았고 그리어는 하룻밤 사이 여성 해방 운동에 일생을 바친 베테랑 운동가에서 위험하고 금지되어야 하는 터프Trans-Exclusionary Radical Feminist, TERF✢로 끌어내려졌다. 새로운 세대의 캠퍼스 페미니스트 관점에서 그리어는 아마도 극우와 다름없었을 것이다. 그리어는 지난 15년 동안 트랜스젠더에 대해 어떠한 견해도 발표하지 않았지만 [2015년 10월 24일 BBC] 〈뉴스나이트Newsnight〉에서 [트랜스젠더 문제에 대해] "내 문제가 아니"라고 말한 바 있었다.✢✢ 이러한 논란에 대응해 카디프대학교 부총장은 그리어를 공격한 학생들을 향해 [강의는 예정대로 진행한다는 공지와 함께] "어떤 종류의 차별적 발언도 용납하지 않을 것"이며 "성소수자를 긍정하고 환영하는 공간을 만들기 위해 노력하고 있다"라고 말했다.

그리어를 향한 공격이 충분하지 않았다고 생각한 사람들은 더 나아갔다. '논바이너리'로 정체화하며 "트랜스 페미

✢　트랜스-배제적 급진 페미니스트.

✢✢　저자는 저메인 그리어가 트랜스젠더에 대해 '내 문제가 아니다'라고 발언했다는 이유로 트랜스 혐오자라는 비난을 받았다고 기술하지만, 그리어가 트랜스 혐오의 혐의로부터 자유로운 사람이라고 하기는 어렵다. 그는 여러 매체를 통해 '트랜스여성은 여성이 아니'라는 주장을 수차례 했다.

니스트 활동가, 천상의 존재"라고 자신을 소개하는 페이튼 퀸Payton Quinn은 〈표현의 자유에 대한 권리는 있지만 법을 위반할 권리는 없다〉라는 제목의 분노에 찬 공개서한을 통해 그리어의 언행은 범죄라고 단언했다.

이처럼 과거와는 또 다른 수준으로 이루어진 검열의 사례에는 평생을 전 세계 동성애자 인권 운동에 바치며 이따금 목숨이 위태로운 상황을 맞닥뜨리기도 했던 게이 활동가 피터 태철Peter Tatchell도 있다. [영국의] 전국학생연합 LGBTQI+ 대표 프랜 카울링Fran Cowling은 [한 연설 초대 이메일 연락에] 인종차별주의자이자 이슬람 혐오자이며 '트랜스 혐오적'인 남성과 같은 무대에 서고 싶지 않다고 밝히며 태철이 참석할 경우 자신은 섭외를 거절하겠다고 말했다. 그는 그 근거로 태철이 지난해 《옵서버》에 기고한 글을 통해 표현의 자유를 옹호했으며 캠퍼스 내 노플랫포밍에 반대하는 성명에도 서명한 적이 있음을 언급했다. 이후 이 사건이 대중의 주목을 받게 되자 안티 태철 진영은 자신들이 받게 된 부정적 관심으로 피해를 입었으며 표현의 자유에 대한 그의 의견은 그가 우익 언론의 지원을 받고 있기 때문이라고 말했다. 일부는 태철이 이러한 상황을 의도적으로 연출한 것이라고 주장하기도 했다.***

[또 다른 사례로] 2015년, 이란 태생 페미니스트 사회주의자 마리암 나마지Maryam Namazie는 런던 골드스미스대학교

로부터 강연 초청을 받았다. [하지만] 그의 전투적 세속주의와 전 무슬림으로서의 공개적인 배교背教는 서구 좌파들을 불편하게 했고 이로 인해 논란이 뒤따랐다. [그가 이슬람 혐오를 조장한다는 이유로] 이슬람회의Islamic Society는 강하게 반대했으나 그럼에도 일정이 강행되자 학내 이슬람회의원들 중 일부 남성은 강당 맨 앞자리에 앉아 그를 위협했다. 나마지가 입을 열 때마다 소리를 지르고 주변을 에워싸려 하거나 프로젝터와 조명을 끄는 등의 행위가 이어졌고, 나마지는 청중이 조금이라도 자신의 말을 들을 수 있도록 하기 위해 큰 소리로 외쳐야 했다. 현장을 촬영한 영상을 보건대 만약 나마지나 그를 위협하는 무슬림들이 백인이고 서구인이었다면 엄청난 논란이 일어났을 법한 수준이었다. 그러나 나마지는 서구의 동지들로부터 그 어떤 연대의 손길도 받지 못했을 뿐만 아니라 오히려 더한 비난과 공격을 받았다.

학내 페미니스트회의는 나마지의 반대편에서 이슬람회의를 지지했고 LGBT회의도 이슬람회의를 지지하는 성명서를 냈다. [그러나] 이들이 나마지를 버리고 옹호했던 골드스미스 이슬람회의의 의장 무함메드 파텔Muhammed Patel에 대해

✢✢✢ 프랜 카울링이 피터 태철을 공개적으로 비난한 바는 없다. 주최 측과의 소통에서 연사 섭외를 거절한 것일 뿐이며 이 사실을 공론화한 것은 피터 태철이었다. 한편에서는 피터 태철이 피해자 행세를 하며 갈등을 야기한 면이 크다는 이야기도 있다.

부연하자면 그는 하이삼 알하다드Haitham al-Haddad의 지지자였고, 하이삼 알하다드는 〈동성애와 LGBT에 맞서 싸우다〉라는 제목의 글을 발표한 적이 있으며 구체적으로는 이렇게 썼다. "동성애라는 재앙에 맞서는 전쟁을 위해 알라께서는 우리에게 사명을 내리셨다. 우리는 신과 정의의 이름 아래 협력해야 한다."

앞선 사례들을 비롯해 신좌파의 상징적 인물들을 향한 일련의 공격이 일어난 뒤, 우파 진영의 일부는 이러한 거부권 행사의 표적이 되기를 자처함으로써 존재감을 과시하기 시작했다. 이는 마일로 이아노풀로스가 완벽하게 구사한 전략이기도 하다. [표적이 된 좌파와 우파 사이에] 한 가지 중요한 차이가 있다면 우파는 온갖 문제적 발언으로 더욱 폭주하는 반면, 좌파는 당혹스러워하거나 방어적이거나 변명을 하고 어떤 경우에는 [좌파로서] 자신의 가치를 스스로 포기하는 모습까지 보였다는 것이다. 나는 이 시기 좌파 정치의 텀블러화가 초래한 지적 퇴행이 한동안 지속될 악영향을 낳았다고 생각한다.

캐나다에서는 조던 피터슨Jordan Peterson이 영어 인칭대명사 'she'와 'he'를 'ze'와 'zir'로 바꾸어 부르는 법안에 반대 의견을 표명한 일로 알트라이트 사이에서 일약 영웅이 되었다. 수많은 대학생이 그에게 항의하는 시위를 벌였고, 현장에 나타난 그의 목소리는 시위자들의 고함과 잡음을 내는 기계에 완벽히 묻혀버렸다. 그의 말에 따르면, 사무실 문이 본드로 접착되어 열리지 않는 일이 있었으며 대학 측은 학문과 표현의 자유를 보장한다는 원론적인 이야기를 하면서도 온타리오주 인권법에 결부된 법적 문제에 휘말릴 수 있다고 경고했다. 피터슨이 인칭대명사의 새로운 규칙에 대한 반대 의견을 표명한 이후 대학 측은 학생들과 교수진으로부터 "용납할 수 없고 충격적이며 고통스럽다"는 무수히 많은 항의를 받았다.

2015년 3월, [노스웨스턴대학교 교수이자 문화비평가] 로라 키프니스Laura Kipnis는 캠퍼스 내 "성적 피해망상"의 분위기와 트리거 워닝을 비판하고 교수와 학생 사이의 성적 관계를 옹호하는 에세이 〈고등교육의 연대기The Chronicle of Higher Education〉를 발표했다. 이 글에서 키프니스는 안전 공간 등의 정책이 학생들을 '과보호'한다고 비판했다. 이에 이견을 가진 학생들은 대학 행정부에 키프니스가 비판한 정책들에 대해 대학이 고수한다는 입장을 재차 밝힐 것을 요구하며 항의했다. 이들은 매트리스를 들고 다녔는데, 이는 에마 설코위츠Emma Sulkowicz가 컬럼비아대학교에서 진행했던 성폭행 고발 시위를 오마주한 것이었다. 대학원생 두 명은 학칙을 근거로, 단행본으로도 확장되어 출간된 키프니스의 주장이 학생들로 하여금 성폭력 피해 신고를 주저하게 만든다고 고발했다. 키프니스는 자신을 향한 비난들에 공개적으로 맞섰으며 결과적으로 모든 혐의를 벗었다.

　지금까지 소개한 사례들은 극히 일부에 불과하다. 특정 종류의 정체성 정치가 지난 수년간 온라인에서 성장한 이후 나타난, 섹슈얼리티·젠더·정체성을 둘러싼 캠퍼스 내 문화전쟁의 열기는 식지 않을 것처럼 느껴진다. 그렇다면 최근의 캠퍼스 전쟁과 과거의 캠퍼스 전쟁 사이에는 어떤 차이가 있을까? 윌리엄 F. 버클리 주니어는 학계에 대한 '반기득권' 논설을 지향하는 매체로서 《내셔널리뷰》를 창간한다고 밝히며 다음과 같은 유명한 말을 남겼다. "하버드대학교의 교수진을 믿을 바에는 차라리 보스턴 전화번호부에 등록된 임의의 400명에게 미국 국정을 맡기겠다." 1983년 전미기독교교육인연합National Association of Christian Educators 대변인 로버트 사이먼즈Robert Simonds는 교육을 둘러싸고 '치열한 전쟁'이 벌어지고 있다고 주장했다. 정치평론가 월터 리프먼Walter Lippmann은 이렇게 썼다. "부모 세대의 애국심과 신앙심을 이어가느냐, 아니면 단절되느냐를 결정짓는 곳이 학교다." 이들이 알아차린 것처럼 '교육기관을 경유한 기나긴 혁명'이 일어나고 있다는 것은 사실이었다. 당시 연수 중이던 교사들은 파울루 프레이리Paulo Freire의 《페다고지Pedagogy of the Oppressed》와 같은 책들을 읽어야 했으며, 다문화주의와 페미니즘이 교육과 문화 영역에서 서서히 확산되는 것을 둘러싼 대대적인 문화전쟁이 벌어지고 있었다. 같은 주제를 다룬 필리스 슐래플리의 책《교실에서의 아동 학대Child Abuse in the Classroom》는 리버럴이 공교육 및 노동 현장에서 사람들을 세뇌하고 있다는 의구심을 갖게 만들며 보수 진영에 큰 영향을 미쳤다.

앤드루 하트먼에 따르면, 스탠퍼드대학교의 학생들에게 존 로크John Locke와 프란츠 파농Frantz Omar Fanon 중 누구의 책을 읽게 할 것이냐를 두고 대학가에서 논쟁이 일어난 바 있었고 [이러한 주제는]《월스트리트저널》을 비롯해 앨런 블룸Allan Bloom의《미국 정신의 종언The Closing of the American Mind》, 디네시 더수자Dinesh D'Souza의《비자유주의적 교육 Illiberal Education》, 로저 킴벌Roger Kimball의《종신 재직하는 급진주의자들Tenured Radicals》 등의 책에서도 주요 논쟁거리였다. 지금 대학가에서는 '우리의 정신을 탈식민화하라' 운동과 케이프타운대학교에서 세실 로즈Cecil Rhodes✢의 동상을 없애는 데 성공한 '로즈 머스트 폴Rhodes Must Fall' 캠페인 등과 같은 방식으로 비슷한 논쟁이 벌어지고 있다. 로즈 머스트 폴 캠페인을 주도한 사람들은 목적을 달성한 뒤 "로즈의 몰락'은 우리 캠퍼스에 존재하는 백인 특권과 백인우월주의의 필연적인 몰락을 상징합니다"라고 말했다.

1988년, 학생들은 "헤이 헤이 호 호 서구 문명은 물러가

✢ 19세기 영국의 제국주의자로, 남아프리카 케이프 식민지의 총리였다.

라"라고 구호를 외치며 시위했다. 스탠퍼드대학교의 [인문학 개론 과정이었던] 서구 문명 과정에 [다양성 부족을 이유로] 항의한 이 시위는 서구 중심적 정전의 문제를 둘러싼 거대한 문화전쟁의 씨앗이 되었다. 시위의 압력으로 대학 측은 커리큘럼을 수정했다. 서구 정전의 권위에 대해 불거진 회의론의 중심에는 스탠리 피시Stanley Fish와 같은 문학이론가들의 상대주의가 있었는데, 그는 텍스트의 안정된 의미와 문학 정전의 절대적이고 객관적인 가치라는 개념에 대해 의구심을 표했다. "우리가 문학작품을 해석할 수 있는 유일한 길은 해석을 행하는 우리가 서 있는 위치를 아는 것뿐이다." 피시와 비슷한 사상을 공유하는 학자들이 가득한 듀크대학교의 영문학과에는 '피시 탱크'라는 별명이 붙었고, 이들은 보편적 진리 추구가 권력자의 이해관계에 기여하는 것으로 표상된다고 주장하는 프랑스 이론을 활성화했다.

훗날 커밀 팔리아는 이렇게 썼다. "프랑스 이론은 당신을 부동산 백만장자로 만들어주겠다고 약속하는 라디오 광고와 비슷하다. 권력을 공격함으로써 권력을 얻으세요! 지금 바로 파리로 와서 이 번호로 전화 주세요!" 팔리아의 지도교수였던 해럴드 블룸Harold Bloom과 마찬가지로 앨런 블룸은 진리와 미의 이름으로 감성과 취향의 차별화를 옹호했고, 상대주의적 관점이 허무주의로 가는 지름길이라고 믿었다. 그는 이렇게 썼다. "스탠퍼드 학생들은 한낱 유행으로 지나갈

이데올로기를 주입받고, 한 사람의 고유한 시간과 열정은 지적으로 도전받을 수 없다고 학습된다. ······ 이러한 현재에의 완전한 투항과, 판단의 기준을 찾는 지적 여정의 포기야말로 미국 정신의 종언 그 자체라 할 수 있다. 내 가설을 뒷받침하는 근거가 더 이상 나오지 않길 바랄 따름이다." 현대 리버럴에 대한 이러한 비판은 대안우파가 즐겨 패러디하는 상투어 "올해는"(리버럴이 어떤 주장을 할 때 내세우는 논리가 "아직도 그렇게 생각하면 안 되지, 올해는 2017년이잖아!"라는 식인 것을 조롱하는 의미✤)이라는 말로 깔끔하게 요약된다.

버클리 신좌파 운동의 핵심 인물이었던 토드 기틀린Todd Gitlin은 좌파의 시각에서 캠퍼스 전쟁을 비판했다. 그는 좌파가 "영문학과로 행진하는 동안 우파는 백악관을 장악했다"고 주장했다. 그는 평등에 대한 요구가 보편성에 기초해야 한다고 역설하며, (정체성들이 무한히 증식하는 텀블러 세계에서 논리적 종결을 맞이한) 정체성에 대한 학계의 상대주의적 개념들은 "평등의 종언"을 표상한다고 주장했다. [기틀린이 회장이었던] 민주사회학생회Students for a Democratic Society가 보편적 목표와 정체성 정치를 두고 내부적 분열을 겪으면서 해체된

✤ 이 표현은 2015년 캐나다 총리 쥐스탱 트뤼도의 발언에서 기인했다. 그는 캐나다 내각 인사의 동등한 성비를 주요하게 고려한 이유가 무엇이었느냐는 기자의 질문에 "2015년이니까요"라고 대답한 바 있고, 이 발언에 리버럴은 열광적인 지지를 보냈다.

인싸를 죽여라

이래로 기틀린은 정체성 정치를 비판해왔다. 그 내부 분열은 오늘날 온라인 문화전쟁과 캠퍼스 전쟁 및 정체성 전쟁이 일으킨 낙진과 유사하다. 기틀린은 급진주의자의 상대주의가 "평범한 꿈의 종언"을 도래케 할 것이라고 주장하며 다음과 같이 말했다. "정체성 정치는 [정치적] 입장, 전통, 심오한 진실, 삶의 방식을 출생지나 인종, 국적, 성별 혹은 신체적 장애로 연역하려 한다. 정체성 정치의 근간은 헛소리뿐이다." 마치 조던 피터슨이나 오늘날 우파가 했을 법한 비판에 비견될 수준의 단호함으로, 기틀린은 말했다. "매서운 불관용 중 상당수는 다름 아닌 강단 좌파academic left에게서 목격된다."

1996년, 뉴욕대학교와 런던대학교에서 물리학 교수를 역임한 앨런 소칼Alan Sokal은 지금까지도 학계를 불쾌하게 만드는 유명한 사기극을 벌였다. 그는 프레드릭 제임슨Fredric Jameson이나 앤드루 로스Andrew Ross 같은 유명한 학자들이 편집인인 포스트모던 문화연구 학술 저널《소셜텍스트Social Text》에 〈경계를 넘어서: 양자 중력의 변형적 해석학을 향하여Transgressing the Boundaries: Towards a Transformative Hermeneutics of Quantum Gravity〉라는 [그럴듯한 가짜] 논문을 제출했다. 중력이 사회적 구성물이라고 [얼토당토않게] 주장하는 이 논문에 대해 그는 의도적으로 "난센스를 자유로이 버무린" 것이며 "[학계] 좌파가 하는 공염불, 아첨식 레퍼런스, 장황한 인용과 명백한 난센스에 대한 모방"이었다고 밝혔다.

오늘날 캠퍼스 안팎에서의 갈등은 마일로 이아노풀로스의 대학 강연 투어에서 리얼피어리뷰Real Peer Review라는 트위터 계정까지 계속해서 이어지고 있다. 리얼피어리뷰는 논문의 제목이나 초록을 인용하며 때로 조롱의 말을 덧붙인다. 타깃이 되는 논문은 주로 문화연구 저널이나 빙하에 대한 페미니즘적 분석에서부터 비만의 남성성에 대한 연구까지 모두 실어주는 이론 기반 저널에 게재된 황당한 논문들이다. 소칼 사건 이후 [1998년] '좌파 보수주의'라 일컬어진 어떤 것의 출현을 다루고자 주디스 버틀러가 발표자로 참여한 학술회의가 열렸다는 것은 현재의 맥락에서도 흥미로운 사실이다. 좌파를 자처했던 소칼은 물론이고 《노동의 배신Nickel and Dimed》과 같은 책으로 노동계급의 삶과 빈곤 문제를 다뤄온 독특하고도 독립적인 정신을 소유한 좌파 사회비평가 바버라 에런라이크Barbara Ehrenreich를 포함한 소칼의 지지자들에게 '좌파 보수주의'라는 혐의가 씌워졌다. 여기서 '보수주의'라는 말은 말할 것도 없이 특정 사상과 특정인(그리고 그 특정인에게 호의적인 사람들)을 학문적 담론장에서 축출하기 위해 경멸적인 의미로 쓰인 것이었다.

지금 우리는 여전히 똑같은 문화전쟁을 겪고 있다. 텀블러 좌파에 가장 큰 영향을 미친 사상가를 꼽는다면 이견의 여지 없이 주디스 버틀러일 것이다. 그리고 정체성 중심의 문화적 좌파에 비판적인 좌파는 여전히 기틀린과 에런라이크 같은 인물들에 동조할 것이다. 커밀 팔리아는 현재 알트라이트에게 "팩트로 무장한 여신"이라고 칭송받으며 그의 저작들은 크리스티나 호프 소머스에 의해 젊은 세대에게 소개된다. 과거 신좌파가 그랬던 것처럼 신우파가 위반하고 금기를 깨면서 세력을 모으는 동안 슐래플리와 같은 정통 우파 세력은 실질적으로 쇠퇴했다. 그러나 페미니즘, 정전 논쟁, 문화적 마르크스주의, 서구중심주의에 대한 문제 제기가 불거질 때면 대안우파가 그들의 횃불을 들고 설친다.

'페미니즘이 세상을 망친다'

6

온라인
남초 커뮤니티와
대안우파의
연결고리

최근 몇 년간 페미니즘이 온라인에서 번성하는 동안 반페미니스트 남성우월주의 정치학도 마찬가지로 번성했다. 이는 점점 더 급진화되는 리버럴 젠더 정치학과 소규모 페미니스트 온라인 공간에서 이뤄지던 반남성 레토릭이 주류로까지 확산되면서 재부상한 것이다. 대안우파 레토릭의 핵심인 '빨간약' 은유는 온라인 우파의 다양한 층위를 넘나들며 발아한 반페미니스트 남성우월주의의 정치적 하위문화의 핵심이기도 했다. 온라인 반페미니즘 운동과 연관된 수많은 사이트와 하위문화가 성장하고 그 지지층이 급증하면서, 만약 이것이 다른 문화정치학을 취했더라면 의심의 여지 없이 '디지털 혁명'이라고 치켜세워졌을 법할 정도로까지 확장되었다. 종종 그 내부에서 자기들끼리 싸우기도 하며 몇몇 중요한 정치적·철학적 차이를 보이는 이러한 하위문화는 일부 관찰자들에 의해 '남성계manosphere'*라고 집합적으로 명명되었다. 이 용어는 남성의 건강, 자살, 불공평한 사회복지 등에 대한 괄시를 바로잡고자 하는 진보적 남성 문제 활동가들부터 비자발적 독신[인셀]에 집착하고 혐오로 가득하며 분노를 동력으로 삼는 소름 끼칠 정도의 여성혐오로 점철된 인터넷의 추잡한 구석까지를 망라하는 용어로 사용되어왔다.

본격적으로 문화전쟁의 또 다른 측면을 다루기에 앞서, 아마도 화만 돋울 뿐 별 생산성도 없을 테지만 먼저 짚고 넘어갈 것이 있다. 나는 공정함이라는 진정성 있는 평등주의적인 목표를 추구하는 남성 인권 운동에 결코 냉담하지 않다. 공정하고 평등한 대우는 모든 사람의 권리여야 하며 점진적으로 감소하는 남학생들의 학업 성취도, 높은 자살률, 남성을 경멸조로 대하는 문화는 모두 비판적으로 논의되고 개선되어야 할 것이다. 내가 속한 페미니스트 진영에서 이러한 이슈들에 대해 종종 편협하고 독단적인 태도를 취했다는 비판에는 옳은 점이 있다. 하지만 그럼에도 불구하고 문제의

---

* manosphere는 일반적으로 '남성들의 세계'를 뜻하는 '남성계'로 번역된다. 다만, 이 장에서 이후 manosphere의 사용은 주로 '남자들이 모여 있는 인터넷 공간'을 가리키는 말로 쓰이므로 이후부터는 한국에서 쓰이는 자연스러운 용어인 '남초 커뮤니티'로 옮겼다.

인싸를 죽여라

온라인 공간들을 관찰한다면 여성혐오, 적대감, 범죄 모의 등이 만연하며 이를 관통하는 특성이 몹시 유해하다는 것은 도저히 부정할 수 없는 사실일 것이다. 그러므로 이 장의 논의는 [앞서] 텀블러 리버럴과 포챈 등 다른 것의 가장 어두운 면을 기술한 것과 마찬가지로 '남성 운동' 일반이 아니라 온라인에서 번성하고 있는 하층부의 더 어두운 면에 대한 것임을 밝힌다.

남성성 연구자 마이클 키멀Michael Kimmel은 이러한 포럼에 상주하는 사람들이 본래 엄격한 전통적 성 역할에 대한 비판으로서 성 해방 운동 및 페미니즘 운동과 함께 남성 운동이 발흥했다는 사실을 알게 되면 충격을 받을 것이라고 말했다. [그러다] 남성 운동은 제2물결 페미니즘이 강간과 가정폭력을 둘러싼 논의에서 수사학적으로 남성 전체를 비판하며 점차 남성에 적대적인 입장을 취하면서 페미니즘 운동과 결별한 채 전개됐다. 그 이후 남성에게 부여되는 사회적 역할과 그 경험에 관한 문제를 놓고 여러 사상가와 분파의 매우 다양한 방향으로 갈라지고 불화가 발생했으며 과격파가 성장하기 시작했다. 1990년대 들어 남성 운동의 초점은 [그들이 보기에] 남성을 차별하거나 배제하는 기관 및 제도들에 맞춰졌다.

이러한 궤적을 가로질러 다양한 형태의 남성 운동이 존재했다. 영국에서는 성차별에반대하는남자들Men Against

Sexism과 신남성운동New Men's Movement 같은 진보적 집단이 있었는데, 오늘날 대안우파와 연결된 온라인 반페미니즘 진영이라면 아마도 이들을 '보지 달린 남자들manginas'✤이라는 멸칭으로 불렀을 것이다. 미국에서는 '남성 운동'이라는 기치 아래 기독교 남성 집단인 약속의수호자들Promise Keepers부터 여성화되고 원자화된 현대 사회에서의 삶으로 인해 잃어버린 남성의 진정성을 희구했던 시인 로버트 블라이Robert Bly의 신화적 운동에 이르기까지 다양한 지향을 추구하는 여러 집단이 존재해왔다. 1990년대에 들어서자 저널리스트 수전 팔루디Susan Faludi가 '백래시backlash'라고 묘사한, 제2물결 페미니즘에 대한 격렬한 저항은 특히 미국에서, 우리가 현재의 관점에서 백래시라는 용어와 직결시키는 형태의 남성 운동을 공식화했다. 이때부터 남성 운동은 페미니즘에 대한 적대를 선동했다.

전통적이고 제한적인 남성의 성 역할에 대한 비판은 남성성 자체의 찬양으로 변질됐고, 페미니즘은 정치적 적대 세력이 되었다. 보다 노골적으로 반페미니즘적인 이 물결은 워런 패럴Warren Farrell의 《남성 권력이라는 신화The Myth of Male Power》와 닐 린든Neil Lyndon의 《성전쟁을 멈춰라: 페미니즘의

✤ mangina는 '남성'을 뜻하는 man과 '여성의 성기'를 뜻하는 vagina를 합성한 조어로, 주로 '남자답지' 않다고 여겨지는 남성이나 페미니즘적 견해를 지닌 남성을 조롱하거나 경멸하는 의미로 쓰인다.

인싸를 죽여라

실패No More Sex War: The Failures of Feminism》와 같은 저서들에 영향을 받은 전미자유남성연대National Coalition of Free Men 유의 세력을 포함했다. 이들은 남성 특권이라는 개념을 거부하고 아버지에 대한 차별과 남성에 가해진 폭력에 몰두했다. 그러나 2010년대 온라인에서 부상한 반페미니즘에 비하면 인터넷 이전 시기 가장 전투적이었던 반페미니즘 남성 운동조차도 지극히 합리적이고 온건해 보인다. 더욱 노골적으로 혐오하는 문화는 인터넷 익명성의 환경에서 고삐가 풀렸고 남성 운동은 점점 더 우익적인 성격을 띠었다. 페미니스트들이 남성 운동에 대해 갖고 있던, 악에 받치고 증오로 가득한 극단적 성차별주의라는 최악의 편견을 생생하게 입증한 것이다.

레딧의 서브포럼 빨간약The Red Pill은 온라인에서 반페미니즘이 성장하고 재부상하는 데 구심점이 되었다. 이들 반페미니스트는 빨간약이라는 말을 가짜 행복에 겨운 자유주의의 감옥에서 깨어나 사회적 남성 혐오의 실재에 눈뜨는 각성을 의미하는 것으로 쓰는데, 대안우파 내 과격파는 이를 인종차별주의적 각성의 의미로도 쓰며 이에 따라 얼터너티브라이트닷컴AlternativeRight.com에서도 '빨간약'과 '빨간약을 먹는다'는 말은 핵심적인 은유이자 유행어로 쓰였다. 레딧의 서브포럼 빨간약에 모인 남자들은 강간 무고, 문화적 남성 혐오, '보빨남pedestalling pussy'** 신세를 벗어나는 법, 그리고 '게임'(여기서 게임이란 2005년 닐 스트라우스Neil Strauss의 책

《더 게임The Game》을 계기로 유행한 '픽업 아티스트'의 데이트 조언 및 그러한 형식의 유희를 의미한다)에 관해 의견을 나눴다. 지금 돌이켜보자니 스트라우스의 책은 꽤 순하고 무해해 보이기까지 한다. 혐오스러운 암컷 먹잇감을 속여 항복시키는 방법에 대한 사악한 다윈주의 가이드처럼 읽히는 현재의 온라인 픽업 아티스트 포럼에 비하면 말이다. 다양한 레딧 포럼을 비롯해 반페미니즘적 남초 커뮤니티 내의 다른 포럼들에서 이루어지는 앞서와 같은 이야기들은 성적 좌절감, 번식 탈락에 대한 불안, 입에 게거품을 물고 여성을 '수탉 회전목마를 타는riding the cock carousel' '쓸모없는 보지년worthless cunts' '관종 창녀attention whores' 등으로 묘사하는 여성혐오로 점철되어 있다.

다양한 남초 커뮤니티를 관통하는 지배적이고 일관된 이슈는 베타메일beta male과 알파메일alpha male의 구별이다. 이들은 여성들이 어떤 식으로 알파메일만을 선호하며 그 외 베타메일을 어떻게 냉소적으로 이용하거나 완전히 무시하는지를 논의하곤 하는데, 여기서 베타메일이란 엄격하고 잔인한 사회적 위계질서의 최하층에 있는 남성을 의미하며 이

✢✢　pedestalling pussy는 '보지를 받들어 모시다'로 직역할 수 있다. 이와 비슷한 의미로 한국 인터넷 커뮤니티에서는 '여자 앞에서 눈치만 보거나 잘 보이기 위해 페미니스트인 척하는 남자'를 경멸적으로 가리키는 속어로 '보빨남'(보지 빨아주는 남자)이라는 표현이 쓰이고 있어, 이러한 맥락을 고려해 옮겼다.

들은 인간의 모든 상호작용을 사회적 위계질서에 기반해 해석한다. 이들 중 몇몇은 루시 V$_{Roosh\ V}$(본명은 다루시 발리자데 Daryush Valizadeh)와 같은 블로거를 신봉하며 '착한 남자' 베타에서 성적으로 성공한 알파로의 승격을 도모한다. 픽업 아티스트로 출발한 루시 V는 신남성주의자를 자처하며 강경 대안우파와 어울렸는데, 이 둘 사이에는 문명 쇠퇴의 주요 원인을 페미니즘이라고 생각한다는 공통점이 있었다. 루시 V는 대안우파 작가 케빈 B. 맥도널드의 저서 '비판의 문화$_{The\ Culture\ of\ Critiques}$' 시리즈를 호의적으로 평하는 〈유대인의 지적 경향과 액티비즘이 서구 문화에 끼치는 해악〉이라는 서평을 쓰기도 했다.

그가 유명 인사가 된 계기는 《뱅$_{Bang}$》✛이라고 하는 시리즈로, 이 책들에서 그는 세계 각지를 돌아다니며 연구한 전략들, 즉 앞서 언급한 것과 같은 여성에 대한 공격적이고 기만적인 사회다원주의적인 접근법을 취했다. 그는 전자책과 블로그를 통해 항상 낭만적인 톤으로, 여성에게 "성기를 넣을 수 있게" 해준 "가차 없이 최적화된 과정"을 자세하게 설파했다. '왕의귀환$_{Return\ of\ Kings}$'이라는 그의 웹사이트는 남초 커뮤니티 가운데서도 여성혐오로 특히 악명이 높은 사이트 중 하나다.

✛　bang은 성행위를 가리키는 속어로도 쓰인다.

루시 V는 평등에 기반한 남성 인권 운동이나 자신의길을가는남자들을 "성적 패배자들" "찐따 아다bitter virgins"라고 일컬으며 비난했다. 왕의귀환에는 〈복지에 의지해서 사는 사람들이 죽어야 하는 생물학적 이유〉〈여성 상사를 위해 일하지 마라〉〈섭식 장애를 겪는 여자를 사귀어야 하는 5가지 이유〉 등의 글이 올라왔다. 그는 준정치적 이유를 들어가며 여성에게 구강성교를 하지 않겠다고 말했고 탄탄한 복지 제도와 페미니즘적 문화 때문에 덴마크에서의 뱅 투어가 충분한 성적 성공을 이루지 못했다며 덴마크 여성들을 비난하기도 했다. 동유럽 어딘가에서 진행된 한 인터뷰에서는 여성들이 더 '전통적'이라서 그곳이 마음에 든다고 밝히기도 했다.

또한 그는 트럼프의 승리를 자신의 승리로 받아들이며 다음과 같이 말했다. "나는 지금 뛸 듯이 기쁘다. 우리가 늘 해왔던 것처럼 여자다운 태도와 외모로 여자들을 평가하며 1점에서 10점까지 점수를 매기는 대통령을 맞이하게 됐기 때문이다." 그리고 덧붙이기를 "여성성의 아름다움은 나태함과 상스러움을 버리고 노력과 우아함을 우선시하는 데서 온다. 이를 강조하기 위해 우리는 트럼프 주재의 미녀 대회를 다시 열어야 한다. 대회 이름은 '트럼프라면 먹을까?Would Trump Bang?'로 하자."

루시 V는 〈강간을 멈추는 법〉이라는 블로그 게시물로 국제적인 주목을 끌기도 했다.

인싸를 죽여라

나의 제안에 따라 만약 강간이 합법화되면 여자들은 지갑이나 스마트폰을 소중히 여기듯 자신의 몸을 보호할 것이다. 강간이 합법화되면 여자들은 확신하지 않는 남자의 손에 끌려 침실로 갈 때 반항하지도 못하는 불안정한 정신 상태에 놓이는 대신 지나가는 사람들에게 소리를 지르든 남자를 걷어차든 할 것이다. 강간이 합법화되면 여자는 파티에 혼자 참석하고 싶지 않다는 이유로 같이 자고 싶지도 않은 남자를 대동하지 않을 것이다. 이 법안을 전국에 몇 달만 홍보한다면 시행 첫날부터 사실상 모든 강간이 사라질 것이다.

그는 이 글이 '풍자'라고 주장했다. 이게 어떤 면에서 풍자라는 건지는 알 수 없지만, 실현 불가능하다는 사실을 뻔히 아는 것에 대해 풍자적인 혹은 젠체하는 톤으로 어떤 메시지를 전하려다 실패한 것이라고 이해는 해볼 수 있겠다. 그럼에도 이 풍자가 실패할 수밖에 없었던 이유는 그의 관점이 그가 풍자적으로 묘사하는 관점과 너무나 가까워 그 어떤 부조리도 포착되지 않기 때문이다. 예컨대 그의 발언들은 매번 이런 식이었다. "누가 됐든지 간에 내가 만나는 여자에 대한 평가의 시작점은 더럽고 쓸모없는 창녀라는 것이다. 반증되기 전까지는." 그래도 풍자라고 주장한다면, 그냥 그다지 조너선 스위프트Jonathan Swift 같지는 않았다고 해두자. 〈강간을 멈추는 법〉으로 인해 체인지닷오알지에는 그의 캐나다

입국을 금지하자는 청원이 올라왔고, 이 청원에 3만 8,000명이 넘는 사람들이 서명했다.✤

　　픽업 아티스트나 레딧과는 다소 거리가 있는, 좀 더 구식의 남성 인권 정치에 가까운 웹사이트로는 폴 엘람Paul Elam이 설립해 운영 중인 '보이스포맨A Voice for Men'이 있으며, 이는 아마도 현재 남성 운동에서 가장 중요한 웹사이트일 것이다. 보이스포맨의 기본적인 분위기를 짐작하기 위해 이 글을 쓰고 있는 현시점에 메인페이지에서 광고 중인 두 권의 책을 보도록 하자. 하나는 《한 여성혐오자의 일기: 남자들을 위한 에로소설Memoirs of a Misogynist: An Erotic Novel for Men》이고 다른 하나는 《어니타 사키지언의 유혹The Seduction of Anita Sarkeesian》✤✤이다. 광고에는 한 여성이 바지 안으로 손을 넣는 모습이 서툴게 그려져 있고 "당신이 어니타를 싫어한다면 이 책을 구매해서 화를 돋우는 게 어때요?"라고 쓰여 있다. 이 웹사이트에서 주목할 만한 기사로 선정한 글들에는 〈여자들이 강간에 대해 말하는 13가지 거짓말〉〈모든 여성은 소아성

✤　루시 V는 2019년 아르메니아정교회에 귀의해 과거를 참회하고 저작 상당 수를 절판했다.

✤✤　어니다 사키지언은 1장의 게이머게이트 관련 내용에서도 언급되었듯 실존하는 페미니스트 미디어비평가로, 특히 비디오게임에서의 여성 재현을 비평하는 활동을 활발하게 전개했다. 2012년 어니타 사키지언은 '비디오게임에서의 트로피 대 여성'이라는 펀딩 프로젝트로 온라인 집단괴롭힘의 표적이 되었으며, 이후로도 괴롭힘이 끊이지 않았다. 이 소설 또한 그러한 괴롭힘의 연장선에서 출간된 것으로 보인다.

애자이며 그게 전부다〉(1978년 매릴린 프렌치Marilyn French의 [소설 《여자의 방》에 나오는 "모든 남자는 강간범이다. 그게 전부다"라는] 문장을 참고한 것)가 있다. 이 사이트는 페미니즘 역사에 존재하는 최악의 수사적 과잉들을 성별만 반전시켜 모아둔 카탈로그처럼 읽힌다.

2011년 엘람은 자경단이 좌표 찍기를 하는 사이트 '레지스터허Register-her.com'를 개설했다. "강간, 폭행, 아동 추행, 살인 같은 직접적인 범죄 행위를 저질렀거나 허위 고발로 무고한 개인에게 중대한 해를 끼친" 여성들의 신상정보를 올리는 곳이었다. 이러한 자경단 전략은 문화전쟁의 양 진영 모두에 널리 퍼지게 되었고 괴롭힘과 스토킹, 명예훼손, 직장과 인간관계의 상실 등 심각한 현실적 문제를 낳았다. 신상정보 목록에는 다양한 범죄로 수감된 여성들은 물론이고 무죄 판결을 받은 여성도 포함되었으며, 재판이 진행 중인 강간 피해자들 또한 '허위사실 유포자'로 나열되어 있다.

《버즈피드》의 부정적인 보도에 따르면, 엘람의 전 부인과 딸은 그가 두 번의 결혼생활을 하면서 그때마다 가족을 방치했고 그가 전업으로 보이스포맨을 운영할 수 있었던 것은 그를 재정적으로 지원하는 여자들이 늘 있었기 때문이라고 말했다. 엘람은 가정법원이 아버지들을 대하는 태도를 짐 크로***에 비교했으며 "마피아들이 보호세를 뜯어내는 것마냥 아버지들에게 양육비를 뜯어낸다"라고 말했다. 보도에 따르면 엘람은 첫 아내가 자신에게서 양육권을 박탈하고 양육비를 받아내기 위해 강간 관련한 거짓말을 했다고 주장했다. 그는 자신이 부친으로부터 아동 학대를 당한 경험이 있음에도 불구하고 [가정법원이 항상 남자들을 차별한다고 주장하며] 세상이 오직 '여자들만을 위한 곳'이라는 사실을 일찍이 깨달았다고 말했다.

그는 '행복한 여성혐오자'라는 필명으로 블로그를 운영하기도 했다. 2011년, 페미니스트 작가 제시카 발렌티Jessica Valenti의 신상정보가 레지스터허에 게재되자 엘람은 한 라디오 방송에서 "우리는 론 제러미[유명 포르노 배우]가 약에 절은 골 빈 년들을 강간하듯이 그녀를 강간할 것이다"라고 말했다. 온갖 협박과 괴롭힘에 시달린 발렌티는 연방수사국에 도움을 요청했고 상황이 잠잠해질 때까지 집을 비워야 했다. 엘람은 한 게시물에 다음과 같이 썼다.

> 항상 성을 내는 PC주의자들은 강간은 어떤 이유로도 정당화하거나 변명할 수 없다고 주장하지만 한 가지 명백한 사실이 있다. 강간당하고 두들겨 맞은 여자들 중 상당수가 그들의 멍청하고 나르시시스트적인 대가리 위에 '나는 멍청하고

✦✦✦ 짐 크로 법(Jim Crow Laws)을 말한다. 미국에서 1876년부터 1965년까지 시행된 인종차별법이다.

인싸를 죽여라

비열한 쌍년이야, 나를 강간해줘'라고 쓰인 화려한 네온사인을 달고 다니다시피 할 정도로 어리석은(그리고 싸가지도 없는) 여자들이라는 사실 말이다.

외부인의 눈에는 온라인 반페미니스트들이 유기적으로 합심하여 활동하는 것처럼 보일 수 있지만 다른 정치적 하위문화들이 그렇듯 이러한 공간들 역시 매우 심각한 내홍과 분열이 있다. 온라인 문화전쟁을 통틀어 중요한 남초 커뮤니티로 기능했던 몇몇 사이트들은 폐쇄되거나 차단된 경우도 있는데, 예를 들면 페미니스트에 대한 '교정 강간'을 선전하는 논의가 주를 이뤘던 레딧의 필로소피오브레이프PhilosophyOfRape를 비롯해 카운터페미니스트The Counter Feminist, 러브샤이Love-shy.com, 맨스라이츠/r/mensrights, 안티페미니스트The Anti-Feminist, 슬럿헤이트SlutHate.com, 그리고 인셀들의 커뮤니티인 인셀/r/incel 등이다. 반페미니즘 포럼이나 픽업 아티스트 포럼에서 조언을 구하는 사람들은 대체로 자칭 '착한 남자'들이지만 이들이 하는 여성에 대한 묘사를 보면 자기 객관화 능력이 다소 부족하다는 것을 확인할 수 있다. 한편 픽업 아티스트를 증오하는 포럼도 있는데 이곳에 모이는 이들은 픽업 아티스트가 전수하는 기술이 남자들에게만 과도한 책임감을 부여한다며 사기와 다름없다고 비판한다. 자신들이 항상 비난하는 '멍청한 창녀들'을 꼬시기 위해 몸을 만들고 '게임'을 배우면서까지 노력해야 하느냐는 것이다.

샤토하티스트Chateau Heartiste는 반페미니즘과 인종차별주의가 보다 노골적으로 만난 대안우파 사이트다. 제임스 C. 와이드만James C. Weidmann(로이시 인 DCRoissy in DC라는 필명을 쓴다)이 운영하는 블로그이자 남성 인권 운동 및 픽업 아티스트를 다루는 이곳은 진화심리학과 반페미니즘, 백인우월주의가 뒤섞여 있다. 와이드만은 여성의 경제적 자유가 문명의 붕괴를 촉진하고 있다고 주장한다. 그의 관점에서 백인 문명의 파괴는 페미니즘으로 인한 백인 여성의 낮은 출산율, 서로 다른 인종 사이의 결혼과 출산, 그리고 이민 탓이다. 그는 문명의 쇠퇴를 막기 위해 소수자들을 추방하고 가부장제를 복원해야 한다고 말한다.

반페미니스트 블로거 복스 데이는 게이머게이트 당시 초기부터 뛰어든 인물로 대안우파를 자처한다. 《SJW들은 항상 거짓말을 한다: 사상경찰 분쇄하기SJWs Always Lie: Taking Down the Thought Police》라는 책도 썼다. 모든 반페미니스트 대안우파가 그러하듯 그 역시 페미니즘이 문명을 위협한다고 믿는다. 예컨대 그는 부부간 강간이 성립될 수 없다며 이렇게 말했다. "부부간 강간이라는 개념은 모순일 뿐만 아니라 결혼 제도와 객관적 법률이라는 개념에 대한 공격이며 나아가 인류 문명의 핵심적인 토대에 대한 공격이다." 남성 인권

인싸를 죽여라

운동과 대안우파의 교집합을 보여주는 또 다른 인물로 잭 도너번Jack Donovan도 있다. 그는 자칭 '남성애자androphile'로서 얼터너티브라이트닷컴에 글을 쓰곤 했다.

자신의길을가는남자들[이하 믹토우]은 페미니즘의 문명 파괴에 맞서 여성들과 연애관계를 맺지 않기로 선택(으흠)하고 개인적 성취와 여성으로부터의 독립을 추구하는 이성애자 남성들이 모여 만든 분리주의 단체다. 이 단체의 주된 레토릭은 처벌과 복수로, 이들이 던지는 메시지는 대체로 바람을 피우거나 돈을 갈취한 뒤 남자를 차버리는 '쌍년'에게 퍼붓는 욕으로 뒤덮여 있다. 이들이 즐겨 토론하는 주제는 이십 대에 '수탉 회전목마'를 타고 다니다가 삼십 대가 되어 연애 시장에서 '주가'가 하락한 여자들에 대한 것이다. 이들은 대안우파와 비슷하게 페미니즘이 서구 문명 등 많은 것을 파괴했으며 여성이 다른 남성의 아이를 자신의 아이로 속이거나 남성을 곤란하게 만들기 위해 의도적으로 임신을 하고, 무고로 강간죄를 뒤집어씌울 것이라고 믿는다.

유튜브에서 남성 이슈를 다루는 거의 모든 영상에는 믹토우 지지자들의 댓글이 있다. 그들은 결혼 제도를 보이콧해야 한다고 말하며 생각 없이 생물학적 충동에 의해서만 움직이는 쓸모없는 존재로 여성을 묘사한다. 믹토우 신봉자들은 자신이 '**믹-토우된**been mig-tow' 시간의 총량과 진전 단계를 표현하곤 하는데 여기에는 다섯 단계가 있다. 레벨 0은 '빨간약을 먹고' 페미니즘을 거부하는 단계다. 레벨 1은 연애를 거부하는 단계이고, 레벨 2는 일시적인 관계나 원나잇 같은 관계도 거부한다. 레벨 3은 [모친을 포함한] 모든 여성으로부터의 경제적 분리가 요구되고, 레벨 4는 페미니즘에 오염된 사회에서의 모든 상호작용을 거부하는 사회적 분리까지 나아가야 한다. 믹토우 회원들은 원나잇에 대해 논의하는가 하면 레벨에 따라 자위나 성매매에 전적으로 의존하는 경우도 있다.

믹토우가 유명해진 건 마일로 이아노풀로스가 《브라이트바트》에 게재한 〈섹소더스The Sexodus〉라는 글 때문이었다. [sex(섹스)와 exodus(탈출)의 합성 조어인 제목처럼] 그는 페미니즘의 확산으로 말미암아 남성들이 여성과의 연애, 섹스, 결혼으로부터 도주하는 것을 고무적인 어조로 서술했다. 그는 페미니즘의 확산에 대해 비일관적인 관점을 드러내는데, 가령 페미니즘이 도처에 퍼져 있다고 해놓고는 페미니즘 특유의 남성 혐오 때문에 여성들 사이에서 전혀 인기가 없다고 말하는 식이다. 하지만 믹토우를 다른 전투적인 반페미니스트들과 혼동해서는 안 된다. 왕의귀환은 〈자신의 길을 가는 아다들〉이라는 글에서 "남성 찐따들의 소름 끼치는 사이비 종교"로 믹토우를 묘사해 온라인 반페미니스트들 사이에 큰 분란을 불러일으킨 바 있으니 말이다. 믹토우에 충성하는 많은 유튜브 영상들은 대개 가명을 쓰며 화자를 드러내지 않는다. 영상들에서 발견되는 기이한 공통점은 영상 속 목소리

인싸를 죽여라

가 뉴스를 읽어주는 것과 같은 일종의 로봇 목소리라는 것인데, 이는 어떤 거대한 원한과 거절의 상처를 감추기 위해 감정을 배제하는 사람의 이성적인 목소리를 연출한 것으로 보인다.

반페미니즘 단체 중에서도 가장 흥미로운 사례는 [의류 브랜드] 프레드페리Fred Perry 옷을 입고 스킨헤드 펑크의 감성을 추구하며 '금딸No Wanks'✛ 신조를 퍼뜨리고자 하는 프라우드보이스Proud Boys다. 프라우드보이스를 만든 [《바이스》전 편집장] 개빈 매키니스에 따르면, 이들의 신조는 "최소한의 정부, 최대한의 자유, 반PC, 인종 죄의식racial guilt✛✛ 반대, 총기 소유 지지, 마약 규제 반대, 국경 폐쇄, 자위 금지, 기업가 숭배, 전업주부 숭배"다. 매키니스는 이러한 신조를 그의 말마따나 "진정한 보스는 없었던" 1980년대 하드코어 신에 비유했다.

프라우드보이스는 리더 없는 자율적 방식으로 펑크 감성의 로고, 타투와 상징들을 만들었다. 이들은 또한 일종의 통과의례와 같은 '레벨' 체계를 가지고 있다. 레벨 1은 간단히 자신이 프라우드보이라고 선언하면 된다. 레벨 2는 '금딸'을 준수해야 하는데(#No_Wanks라는 해시태그를 사용한다),

---

✛　wank는 '자위'를 뜻하는 속어다.
✛✛　인종적 특권을 자각하는 데 기인한 죄의식을 의미한다.

이는 포르노 시청과 자위 횟수를 각 월 1회로 제한하는 것을 의미하며 5가지의 아침용 시리얼 이름을 말할 때까지 두들겨 맞는 것도 포함된다. 레벨 3은 프라우드보이스에 대한 충성과 금딸을 선언하는 타투를 새겨야 한다. 마치 《바이스》의 뉴스처럼 과도한 풍자 같기도 하고 아닌 것 같기도 한데, 여하간 자위와 포르노는 프라우드보이스의 핵심 철학이다. 매키니스는 이렇게 말했다. "X세대의 남성들이여, 그것[자위와 포르노]은 너희를 나약하고 멍청하고 게으르게 만든다. 그리고 밀레니얼 세대여, 그것 때문에 너희는 관계 자체를 추구하지 않게 되어버린다." 그는 젊은 남자들에게 "돌멩이라도 던지라"고 촉구했다. 현실 세계의 여자들에게 접근하라는 것이다. 프라우드보이스의 근간을 이루는 사상은 대안우파와 전통적 보수가 공유하는 퇴행 서사를 차용한다. 서구 문명의 쇠퇴와 타락이 페미니즘과 자유주의의 발흥 때문이라는 것이다. "자유주의적 사고방식 때문에 우리는 전통을 밀어내고 그 자리를 무언가 더 나쁜 것으로 대체해버렸다."

이러한 온라인 공간과 하위문화가 공통적으로 지닌 모순과 위선은 그들이 옹호하는 전통이란 그것이 불러오는 굴레와 의무는 빼놓은 채 오로지 혜택만을 의미한다는 데 있다. 그들은 성 혁명의 과실은 최대한 누리려 하지만(몸매를 관리하고 제모를 하고 무엇이든 적극적으로 임하는 포르노화된 여성과의 섹스) 여성에게 성적 선택권과 자유가 주어졌을 때 발생하는 사회적 변화는 수용하지 못한다. 루시 V의 예만 보더라도, 그는 '창녀들'의 문란한 행실을 한탄하면서 그 자신이 혐오하는 부류의 여성들과 섹스한 이야기로 뱅 시리즈 전권을 썼다. 프라우드보이스라는 이름만으로도 웃기지만, 어쨌든 그들은 자신들의 도덕 체계에 내부적 일관성을 구축하려는 일말의 시도를 하긴 했다. 그들은 전통적 방식의 삶으로의 회귀를 도모할 뿐만 아니라 포르노와 자위에 대한 보수적 관점을 취하며 "전업주부를 존경"한다고 주장한다. 이걸 좋게 평가할 수는 없겠지만, 적어도 그러한 신조가 [다른 반페미니즘 커뮤니티에 비해] 덜 노골적인 적대라고 할 수는 있겠다.

하지만 정작 매키니스는 매일 파티를 즐기는 쾌락주의 힙스터에 가까웠고, 이는 그가 《바이스》 스타일을 추구했기 때문이라고 할 수 있다. 그는 직접 제작하는 방송에 여성 포르노 스타를 초청해 10점 만점으로 점수를 매기곤 했다. 이처럼 여성 문제에 관한 뚜렷한 자기모순은 대안우파 전체를 관통하는 것이기도 하다. 지난 몇 년간 대안우파와 알트라이트 감수성의 생산에서 가장 중요한 공간은 포챈이었다. 포챈을 가득 메운 포르노그래피는 너무나 충격적이고 비인간적인 나머지 정서적, 도덕적 감각을 상실하지 않은 이상 창을 닫을 수밖에 없다. 포챈 이용자들이 하듯 생각 없이 낄낄거리는 대신에 말이다.

마지막으로 언급할 인물은 F. 로저 데블린F. Roger Devlin이다. 믹토우 신봉자들과 광범위한 반페미니즘 우파를 독자로 거느리는 대안우파 작가이자 백인민족주의자, 반페미니즘 남성 인권 운동가인 그는 가장 흥미로운 인물이기도 하다. 아마도 그는 반페미니즘 정치를 가장 진지하게 이론화하려고 시도한 인물 중 하나일 것이다. 그는 《계간 서양인: 남성, 정치, 문화에 관한 서구적 관점The Occidental Quarterly: Western Perspectives on Man, Politics and Culture》의 객원 편집자이며 《브이데어》에도 투고한다. 그가 쓴 에세이 〈권력을 쥔 성적 유토피아〉는 "느슨해진 도덕과 혼란스러운 성 역할로 점철된 오늘날의 성적 디스토피아"에 맞서야 한다고 주장하며 "자신보다 사회적 지위가 높은 사람과 섹스하거나 결혼하는 여성, 나르시시즘, 부정不貞, 기만, 마조히즘"을 탐구한다. 또한 "일부일처의 쇠망은 난잡하게 즐기는 소수와 외로운 다수를 낳는다"라고 말한다.

이 마지막 문장에서, 나는 그가 반동적 성 정치를 추동하는 핵심에 근접해 있다고 생각하며 이는 아마도 젊은 남성들이 극우로 돌아서게 된 배경에 존재하는 개인적인 동기의 중심이기도 할 것이다. 성 혁명은 한 사람과 평생을 살아야 한다는 결혼관념을 깨뜨리고 남성과 여성 모두에게 결혼과 가족에 대한 절대적인 의무라는 족쇄로부터의 엄청난 자유를 가져다주었다. 그러나 이러한 청년기의 무기한 연장은 무자녀 성인의 증가와 가파른 성적 위계질서 또한 가져왔다.

일부일처의 쇠퇴로 인해 달라진 성생활에서 엘리트 남성은 한층 더 넓은 성적 선택권을 쥐는 반면 그렇지 않은 대다수 남성 인구는 점점 더 독신주의가 증가하는 경향을 보인다. 이처럼 자신의 낮은 지위에 대한 그들의 불안과 분노는 여성과 인종 문제를 향한 철저한 위계질서의 주장으로 이어졌다. 가차 없는 거절에서 기인한 상처는 앞서 소개한 포럼들에서 곪아 터졌고, 그들은 자신에게 엄청난 치욕을 안겨준 잔인한 위계질서의 주인이 되는 것을 선택했다.

이런 식의 심리적 보상은 별로 새로운 것도 아니다. 나치를 매료했던, 건강한 남성의 신체와 그 힘, 위계질서, 의지의 행사에 대한 니체의 숭배는 유감스럽게도 니체 그 자신의 물리적 상태(근시, 신경쇠약, 만성질환, 소화불량, 그리고 여성으로부터 거절당한 쓰라린 경험까지)와 대조되었다.

연애에 실패한 남자들과 인셀들은 레딧의 인셀 서브포럼에 몰려들었다. 그들은 서로에게 조언을 구하며 성적 좌절감을 표출한다. 이 글을 쓰는 지금, 인셀 서브포럼의 최신 게시물에는 이렇게 쓰여 있다. "나는 방에서 네 시간째 벽만 바라보고 있다. 인싸들은 이걸 실존적 위기라고 하겠지만, 인셀에게는 이게 그냥…… 인생이다." 대안우파의 인종적 위계질서 정치는 이러한 인셀들의 사회로부터 배태됐다. 물론 온전히 이것으로부터 나온 것만은 아니지만, 반복적으로 이 주제[성적 좌절감]가 거론된다는 사실은 분명 시사하는 바가 있다. 이렇듯 좌절감으로 가득한 남자들은 먼저 '게임'이라는 이름으로 여성을 유혹하는 사회다윈주의적 사고에 노출되고, 그 '게임'이 잘 풀리지 않으면 사악한 자기애적 기질이 여성의 본성이라고 공격하는 여성혐오적 레토릭으로 넘어간다. 급속도로 증가하는 반페미니즘 유튜브 영상들의 댓글창을 보라. 그 어떤 영상이든 여자들이 무가치하고 난잡하며 멍청하고 뚱뚱하고 게으르고 얄팍하고 히스테릭하고 못미덥고 잔인한 복수를 당해 마땅하다는 말들을 아주 쉽게 볼 수 있을 것이다. 남초 커뮤니티와 대안우파의 교류가 활발해진 지금 상황에서 어떤 커뮤니티든 저러한 사고방식에 노출되지 않기란 불가능에 가깝다. 확실한 것은 위계질서의 피라미드에서 낮은 위치에 있다는 사실에 대한 그들의 분노가 종종 매우 극단적인 방식으로 폭발한다는 것이다.

'처녀 살인마'라 불린 엘리엇 로저Elliot Rodger는 포럼에서 이야기되던 폭력적인 환상을 실천으로 옮긴 사람 중 한 명이다. 그는 여성들을 학살할 계획으로 차를 몰고 캘리포니아대학교 산타바바라 캠퍼스의 여학생 기숙사 건물로 향했다. 건물 내부로 진입하는 데 실패한 그는 기숙사 주변에서 무작위로 행인들을 향해 총을 난사했고, 희생자는 대부분 남성이었다. 이 사건은 차 안에서 총으로 자신의 머리를 쏘고 사망한 그를 경찰이 발견하면서 마무리되었다. 그가 마지막으로 유튜브에 올린 영상의 제목은 '엘리엇 로저의 보복'이다. 그 영

인싸를 죽여라

상에서 엘리엇 로저는 자신을 거절한 여성들을 처형하고자 하는 욕구를 다음과 같이 표현했다.

> 자, 이게 내 마지막 비디오야. 결국 여기까지 왔네. 내일이 바로 응징의 날이다. 나는 인간들에게, 너희 싹 다에게 복수할 거야. …… 나는 대학을 2년 반 동안 다녔어. 아니, 그보다는 더 다녔을 텐데, 아직 아다야. 정말 괴롭게 살았다. …… 너희 여자들이 왜 나한테 매력을 못 느끼는지 정말 모르겠지만 어쨌든 나는 벌을 주려고. 난 완벽한 남잔데, 너희 여자들은 나 같은 완벽한 신사가 아니라 역겨운 남자들 품으로 뛰어들었지.

사건 이후 엘리엇 로저가 성난 베타메일의 우스꽝스러운 원형이 되면서 "완벽한 신사"라는 말은 반페미니즘 사이트들에서 지금까지도 농담으로 쓰인다. 로저는 또한 '나의 왜곡된 세계'라는 제목의 긴 자전적 게시물을 남기기도 했다. [그 게시물에서] 그는 성적 관계를 맺고자 했던 자신의 욕구를 계속해서 좌절케 한 여성들에 대한 증오, 그가 '개돼지' 혹은 '짐승'으로 지칭하는 성적으로 성공한 남자들을 향한 쓰라린 혐오, 자기보다 유전적으로 열등해 보이는 남성[흑인]과 백인 여성의 연애에 대한 경멸을 드러내며 자신의 성적 좌절감을 서술했다. 그는 '여성에 대한 전쟁'을 이야기한다.

2단계[✤]는 학살의 절정 직전에, 보복의 날 당일에 이뤄질 것이다. …… 여자에 대한 나의 전쟁 …… 내가 여자들을 싫어하는 온갖 이유를 그대로 드러내는 바로 그년들을 습격할 것이다. UCSB^{✤✤}에서 가장 잘 팔리는 여대생 동아리.

사건이 터진 날 포챈에는 누군가 로저의 사진과 함께 이런 글을 올렸다. "완벽한 신사 엘리엇 로저가 /b/ 회원이었네. 어떻게 생각함?" 댓글들은 이러했다. "그 친구 멀쩡하게 생겼더라. 여자랑 한 번도 못 해봤다니 찐 베타였겠네." 누군가는 이렇게도 말했다. "선언문에 '나는 잊지 않는다, 나는 용서하지 않는다' 하면서 '키스 안 해본 아다' 어쩌고 써놨더라. 그 새낀 병신이었어."

학살 사건 이후, 한 기자는 로저가 자주 드나들었던 레딧의 인셀 포럼 PUA헤이트_{PUAhate}^{✤✤✤}의 어느 이용자로부터 연락을 받았다. 그는 자신들의 커뮤니티가 "증오로 가득한 남자들이 둘러앉아 여자들에 대한 혐오를 표출하는 공간"으로 잘못 묘사되고 있다고 주장했다. 입이 다물어지지 않을 만큼 증오로 가득한 공간을 묘사할 때 그 구성원들에게서 돌

✤   1단계는 충분한 성생활을 즐기는 남성들을 처형하는 것이었다.
✤✤ 캘리포니아대학교 산타바바라(University of California, Santa Barbara)를 지칭한다.
✤✤✤ PUA는 Pick Up Artist의 약자로, PUA헤이트 포럼은 인셀들이 모여 픽업 아티스트와 여성을 향한 증오를 분출하는 곳이다.

아오는 뻔한 반응이었지만, 그는 기자에게 어떻게든 해당 포럼이 "폭력적이기보다는 장난스러운" 곳이라는 점을 설득하려고 노력했다. 그러면서 그 근거로 학살 사건 직후 포럼 이용자들 사이에서 가장 인기가 많았던 닉네임이 "엘리엇로저는신이다ElliotRodgerIsAGod"였다는 점을 언급했다.

온라인 극우의
오래된 레토릭

7

하위문화적
구별짓기와
'반항적 남성성'
이라는 환상

충격적인 트럼프 당선 이후《가디언》에서《파이낸셜타임스》까지 여러 언론사가 내놓은 보다 호의적인 성격의 분석 중 하나는 이번 선거 결과가 스스로를 '내팽개쳐졌다'고 생각한 '보통 사람들'의 목소리를 드러내는 면이 있다는 것이었다. 선민의식으로 가득한 리버럴 엘리트주의에 대한 비판을 좌파의 관점에서 일관되게 개진한 논자 중 한 사람인 토머스 프랭크Thomas Frank는 [2016년 3월 8일《가디언》에 게재한 논설을 통해] 이렇게 말한 바 있다.

우리 리버럴은 수백만 노동계급의 좌절, 그들의 황폐화된 도시와 악화일로를 걷는 살림살이와 트럼피즘 출현에 대한 책임이 일부 우리에게 있다는 사실을 인정하지 못한다. 인종차별주의로 뒤틀린 그들의 영혼을 비난하는 건 쉬운 일이며, 트럼피즘은 일종의 조잡하고 노골적인 표현에 불과하다는 분명한 사실에서 눈을 돌리는 것도 어렵지 않다. 표현에 불과하다는 건 이런 의미다. 신자유주의는 완전히 실패했다.

정치적 올바름으로 보통 사람들이 소외감을 느낀다는 주장은 우파 레토릭에서 드물지 않은 것이었지만 우파는 마치 자신들이 애초부터 토머스 프랭크와 같은 논조를 개진해 왔다는 듯, 하위문화적 엘리트주의에 머물러 있었던 논지를 노동계급의 고결함 혹은 약간의 노블레스 오블리주마저 감지할 수 있을 정도로 급격히 전환했다. 그러나 실제로 우파의 논지는 언제나 혐오와 경제적 엘리트주의에 기반한 위계질서와 불평등을 옹호하는 주장으로 점철되어 있었다. 내가 2017년《배플러The Baffler》를 통해 발표한 글들에서도 지적했듯 군중을 히스테릭하고 쉽게 선동되는 존재로 바라보는 엘리트의 공포는 [보수 성향 논객] 앤 콜터의 글에서 엿볼 수 있다. 그는 자신의 저서《사악한: 리버럴 군중은 어떻게 미국을 위험에 빠뜨리는가Demonic: How the Liberal Mob is Endangering America》에서 염세주의자들이 가장 좋아하는 이론가로 군중심리를 다룬 귀스타브 르봉Gustave Le Bon을 인용하며 "리버럴 군중이 어떻게 미국을 위험에 빠뜨리는"지 설명한다. 지나친 다산多産과 넘쳐나는 이민자에 관한 그의 서술은 산업화되고 도시화된 대중사회의 등장 이래 엘리트 집단에서 꾸준히 제기되어온 논의의 직접적인 연장선에 놓여 있으며, 처음에는 급증하는 원주민 노동계급에 적용되었다가 이후에는 새로운 이민자들의 물결에 적용되었다.

　[2016년] 대선 결과가 나온 직후 온라인 신우익에서는 갑자기 '보통 사람' 서사가 퍼지기 시작했다. 선거 직전까지만 해도 마일로 이아노풀로스는 패리스 힐튼을 자신의 우상 중 한 명으로 꼽으며 그의 말을 인용한 '가난하게 사는 걸 멈춰'가 인쇄된 티셔츠를 입고 다녔는데 말이다. 그랬던 그가 대선 이후 백인 노동계급에 대해 발언하기 시작했다. 기득권 보수주의자들은 일반 대중이 본래 전통주의자들이며 따라서 당연히 자신들을 지지할 수밖에 없다는 확신을 가지고 있다. 그러나 강경 대안우파는 그러한 생각을 단호히 거부했다. 오히려 그들은 사회 구성원의 대다수가 리버럴 페미니즘 다문화주의에 오염되고 세뇌되었으며 구제 불능 직전의 상태까지 왔다고 주장했다. 반이민 우파의 오래된 주장처럼 '난장판 5분 전'이 아니라 이미 완전히 난장판이 됐다는 것이다. 트럼프주의자들은 급히 역사를 다시 쓰느라 바쁘지만, '포퓰리스트' 대통령이라는 장막 뒤에 가려진 다음의 사실을 기억할 필요가 있다. 트럼프의 젊은 온라인 극우 전사들의

레토릭은 본래 오래전부터 대중과 대중문화에 대한 극도의 하위문화적 우월의식이라는 특징을 보여왔다는 것이다.

미국 작가 데이비드 아우어바흐David Auerbach는 그가 A-문화라고 명명한 익명의 챈문화에서 발견한 결정적인 특징이 "은어와 복잡한 규칙 및 전문지식을 휘두르며 '눕n00b'✲들을 괴롭히는 식으로 하위문화의 대중화를 막는" 것이라고 설명했다. [인류학자] 가브리엘라 콜먼은 "인터넷이 대중화되고 '기술적으로 무장하지 않은 사람들'이 대거 유입되자 트롤링이 확산되고 폭증했다"고 지적하며 "트롤은 그 명칭이 시사하듯 인터넷 세계에 방문하는 일반인들에게 이곳에는 당신에게 비탄과 비참함, 지옥을 맛보게 할 괴짜들이 있음을 상기시키는 방식으로 존재했다"고 말했다. 콜먼의 묘사에서는 [트롤에 대한] 일말의 감탄과 인정이 엿보이지만, 내 생각에 앞서와 같은 특징은 챈을 둘러싼 문화가 얼마나 사악하고 비인간적인 심연으로까지 추락할 수 있는지를 암시하는 동시에 이미 언제나 그러했다는 것을 의미하는 것처럼 보인다. 즉 이러한 인터넷 세계가 대항문화의 스타일과 감성을 갖고 있음에도 불구하고 비인간성이 나타나게 된 것이 아니라, 오

✲ '신출내기'를 뜻하는 'noob'을 의미하며 한국 온라인 커뮤니티에서는 '신규 방문자'를 뜻하는 '뉴 비지터(new visitor)'를 줄여 '뉴비'라는 말이 많이 쓰인다. 이러한 은어는 온라인 커뮤니티나 온라인 게임에서 경멸이나 조롱의 뜻을 담은 멸칭으로 쓰이는 경우도 있다.

히려 인터넷 세계가 대항문화의 스타일과 감성을 갖고 있기 때문에 비인간성이 나타난다는 것이다. 이러한 문화가 결국 대안우파와 완전히 결합했다는 사실은 전혀 이상하지 않다.

콜먼이 호의적으로 평가했던, 스와스티카 문신을 한 해 커이자 트롤 나치인 위브는 한 인터뷰에서 군중에 대한 견해를 다음과 같이 설명했다.

> 트롤링은 기본적으로 인터넷 우생학이다. 나는 사람들이 죄다 인터넷에서 꺼지길 바란다. 블로거는 쓰레기이며 싹 밀어버려야 한다. 저능아들에게 참여라는 환상을 심어주는 게 블로깅이다. …… 이런 놈들은 오븐에 처넣어야 한다. …… 우리는 맬서스적 위기에 직면해 있다. 플랑크톤 수치가 떨어지고 꿀벌들이 죽어가고 있다. 멕시코에서는 30년 만에 밀 가격이 폭등하며 토르티야 폭동이 일어나고 있다. 우리가 대답해야 할 질문은 이것이다. 60억 인구의 4분의 1을 죽일 수 있는 가장 공정한 방법은 무엇일까?

하층계급에 대한 혐오와 불안은 상스러운 챈문화의 무질서에서 좀 더 진지하고 긴 글로 개진된 대안우파의 이론까지를 관통하는 대안우파 담론의 가장 주요한 특징이다. 하지만 이는 전혀 새로운 일이 아니다. 문학평론가 존 캐리John Carey는 [《지식인과 대중The Intellectuals and the Masses》에서] 대중

사회와 대중문화의 출현을 대하는 맬서스적이고 우생학적이며 엘리트주의적인 편견에 관해 [비판적으로] 기술한 바 있다. 그의 설명에 따르면, 19세기 유럽의 빈곤층 인구는 **세 배**로 증가했고, 기존에 엘리트들이 점유했던 도시의 문화 공간은 산업화와 함께 노동자들로 가득 메워졌다. 이에 대해 [소설가] 허버트 조지 웰스Herbert George Wells는 "끊임없이 태어나는 신생아들"에 절망감을 표하며 이를 "20세기의 근원적 재앙"이라 칭했는데, 이는 그로부터 100년쯤 지난 오늘날 위브가 그대로 계승하는 감성이기도 하다. [20세기의 시인] 예이츠William Butler Yeats가 말한 "민주적 저속함의 확산"과 대중의 문해력은 엘리트와 대중 사이에 존재하던 격차의 본질을 급속도로 변화시켰다.

이러한 담론은 오늘날 온라인 극우에 의해 하위문화적 반주류 형식으로 이어지는 것처럼 보이지만, [사실] 반주류 형식은 본래 진보 성향 학계와 진보 정치 세력의 구미에 맞는 것으로 받아들여져왔다. 반주류 형식에서 감지되는 반문화적 엘리트주의는 그들 안에서 흔하고 자연스러운 것이었기 때문이다. 현재 우리는 온라인 공간, 즉 극우의 트롤링이 만들어지고 반페미니즘적 움직임의 거의 대부분이 시작된 곳에서 이러한 감성들의 혼종(니체적 염세주의와 〈파이트 클럽〉의 반문화가 뒤섞인)을 목격할 수 있다. 대안우파를 구성하는 거의 모든 부분에서 단연 가장 많은 영향을 끼친 사상가 니체는 "잉여 인간"을 지배하기 위해 "고위 인간들이 군중에 대한 전쟁을 선포해야 한다"고 경고한 바 있다.

초창기 챈 세계의 인터넷 트롤들에 대해 주류 보수 언론이 보인 반응은 명백한 도덕적 비난이었고, 암묵적으로 반문화 및 위반을 옹호하는 진보 성향 학계의 반응은 거의 호의적이다시피 하기까지 했다. [보수 언론에 속하는]《폭스뉴스》는 포챈을 "인터넷 혐오 조직"이라 칭하며, 트롤들은 반사회적이고 저속하며 염세적이고 여전히 어머니에게서 독립하지 못한 이들이라는 식으로 광범위하게 폄하하면서 무질서한 온라인 세계를 도덕적으로 지탄했다.

그 외 주류 언론들은 사이버불링과 디도스 공격, 페이스북 추모 페이지에 대한 트롤링에 주목했다. [미디어 연구자] 휘트니 필립스는 보다 양가적인 견해를 피력하며 주류 매체가 묘사하는 것보다 관대한 관점으로 트롤링의 문화정치를 설명했는데, 트롤들이 극단적인 잔혹함을 보이는 데는 페이스북 정책과 소셜네트워크에 내재된 "약호화된 유아론 encoded solipsism"의 탓도 크다고 지적했다. 필립스는 그들의 행위가 피해자들에게 미친 엄청난 악영향을 인지하면서도, 포챈/b/의 트롤들을 "대항 헤게모니의 향연"이자 "기득권 미디어의 서사"와 "현대 스물네 시간 뉴스 보도의 목적 없는 부조리극"의 기반을 약화하는 존재로 묘사했다. 그는 포챈 트롤에 대한《폭스뉴스》의 비난을 "수용자의 반감을 극대화"하려는 시도로 간주하며 "주류 미디어는 특히 반기득권적인 문화 공간을 무력화하고자 한다"라고 말했다.

가브리엘라 콜먼은 2014년 말 포챈이 인종차별주의와 여성혐오 콘텐츠로 가득한 민낯을 완전히 드러낸 것을 보고도 [2015년 저서 《어나니머스의 여러 가지 얼굴Hacker, Hoaxer, Whistleblower, Spy》을 통해] 이전보다 더 긍정적으로 포챈에서 탄생한 해커문화를 기술했다.

> 트롤들의 네트워크로 출발한 것이 이제는 대부분 세상을 위해 좋은 것이 되었다. 인터넷상 가장 지저분한 곳 중 한 곳에서 출현한 어나니머스는 경이, 희망, 즐거운 환상의 서사다. 지옥 같은 끔찍한 트롤링의 불길에서 태어난 집단의 성질과 그들이 추구하는 이상은 그 진원지의 조건을 넘어설 수 있을까? 포챈이라는 시궁창이 정말로 오늘날 정치적으로 가장 능동적이고 도덕적으로 흥미로우며 체제 전복적으로 중요한 활동가 집단이 된 것일까? 다소 놀랍게도, 대답은 '그렇다'이다.

포챈의 트롤문화는' 대안우파의 전반적인 감수성과 유머 감각을 잠식하기 수년 전부터 이미 인종차별주의와 여성혐오, 비인간성, 충격적인 포르노그래피와 허무주의로 가득차 있었다. 챈문화의 성격과 본질이 아무리 복잡하고 변화무

쌍하다고 해도, 만약 연구 대상이 포챈이 아니라 [영국의 극우주의 반이슬람 활동가] 토미 로빈슨Tommy Robinson 같은 평범한 블루칼라 극우였다면 앞서 언급한 것과 같은 호의적인 평가가 학계에서 용인되었으리라 생각하기는 힘들다. 로빈슨의 견해는 포챈이나 위브 같은 트롤이 수년 동안 보여준 것보다 훨씬 더 온건함에도 불구하고 말이다. 반문화적 위반이라는 것은 지극히 공허하고 기만적인 개념이다. 이는 주류의 가치와 취향을 무시하기만 하면 무엇이든지 흘러 들어갈 수 있는 공백을 만든다. 모든 끔찍한 것들 앞에 취약해져버린 문화를 진보파가 저항 헤게모니적 힘으로 낭만화하게 만든 것도 바로 이 공백이었다. 내 생각에 여기서 드러나는 진실은 우파 챈문화와 정치적 올바름에만 과도하게 몰두하는 대학문화 양 진영 모두, 주류를 향한 경멸을 어떻게 반문화적 '개호각 dog whistle'✛으로 이용할 수 있는지 이해하고 있다는 것이다.

2016년 나는 [《배플러》에 발표한] 〈포챈의 신남성〉을 통해 인종차별주의적이고 여성혐오적인 인셀 총기난사범 크리스 하퍼머서의 이야기를 썼다. 그는 총기난사로 아홉 명을 사살하고 아홉 명에게 중상을 입혔다. [사건이 일어나기 전] 머서로 추정되는 한 이용자는 포챈 게시판에 살인 행위를 예

✛ 개만 들을 수 있는 고주파 음역대 소리를 내는 호각에 빗대어 특정 집단만 그 참뜻을 이해할 수 있는, 일견 평범해 보이는 정치적 메시지를 의미한다.

고하는 글을 올렸다. 그 글에는 다음과 같은 댓글이 달렸다. "몰로토프[화염병]를 챙기도록 해. 그게 최대한 많은 인싸들을 쉽고 고통스럽게 죽일 수 있어." 어떤 이는 "채드와 스테이시들Chads and Stacys"을 먼저 노려야 한다고 지적했다. 채드 선더콕과 스테이시는 인싸를 가리키는 포챈의 은어다.✢

　　이러한 온라인문화를 분석하고 이론화하는 보다 좋은 길이 있다. 바로 음악 하위문화 연구의 논의를 참고하는 것이다. 채드와 스테이시는 문화비평가 세라 손턴Sarah Thornton이 대중 하위문화와 반문화에서의 '하위문화자본subcultural capital'에 관한 연구에서 언급한 "샤론과 트레이시"를 떠올리게 한다. 샤론과 트레이시는 채드와 스테이시보다 '여성스러운' 버전이지만 그 의미에는 채드와 스테이시와 비슷하게 인싸를 향한 원한이 담겨 있다. 손턴은 클럽문화에 관한 책[《클럽문화Club Cultures》]에서 다음과 같이 말했다.

　　힙hipness의 게임✢✢에 불참하는 소녀들은 "구리지만 난 좋

✢　채드 선더콕은 주로 인셀들이 모이는 온라인 게시판에서 성적으로 왕성한 활동을 보이는 알파메일을 비꼬기 위해 사용되는 은어이고, 스테이시는 채드의 성적 파트너로 상정되는 외모가 뛰어난 백인 여성을 지칭하는 은어다.
✢✢　힙스터가 되는 길은 멀고도 험하다. 최신 유행에 기민하게 대응하면서도 다른 '속물들'처럼 생각 없이 따라서는 안 되고, 남들은 잘 모르는 나만의 독특한 취향을 고수해야 하며 그것이 남들보다 '앞서는' 것으로 인정받아야 하기 때문이다. '힙의 게임'이란 이러한 힙스터가 되기 위한 분주를 가리킨다.

아" 하는 식의 표현으로 자신의 취향을 합리화하는 경향을 보인다. 그럼으로써 하위문화 내의 위계를 인정하고 낮은 위치를 자처하는 것이다. 그러나 이러한 패배주의를 거부할 때는 '샤론과 트레이시'로 대표되는 저급한 대중문화로부터 거리를 둔다. 즉, 여성화된 주류를 단호하게 거부하며 폄하한다.

손턴은 하위문화를 종종 급진적이고 위반적이며 대항권력적인 것으로 분석하는 버밍엄 학파의 연구를 비판했다. 그에 따르면 "버밍엄 학파의 학설은 하위문화 이데올로기를 충분히 비판적으로 검토하지 못했다. 첫째로, 그들은 지배 이데올로기에 맞서는 데만 매몰되어 있었고 둘째로, **그들이 연구한 청년문화의 반대중사회 담론에 편향적으로 동의하는 경향이 있었기 때문이다.**"(강조는 인용자) 우파 챈문화와 대안우파를 비평하는 이들조차 어느새 그 안에서의 은어들과 하위문화적 레퍼런스들을 '이해'하고 즐겨 쓰고 있는 자신을 발견한 반면, 손턴은 자신의 이론에 사회학자 피에르 부르디외Pierre Boudieu의 문화자본 개념을 적용해 1990년대 클럽문화에 속하고자 하는 사람들의 주요한 동기로서의 하위문화자본을 이해하고자 했다. 그의 주장에 따르면, 하위문화에 대한 높은 이해 혹은 힙은 하위문화의 일원이 되는 데 필요한 일종의 문화자본이다. 손턴에게 참조점을 제공한 부르디외는 "은어 사용의 기저에 깔린 의도는 무엇보다도 귀족적 구별짓기를 행사하는 것"이라고 말한 바 있다.

손턴은 문화자본이 세련되고 정중한 예의를 갖춤으로써 획득할 수 있는 것이라면, 하위문화자본은 '뭘 좀 아는 것', 즉 소수만 쓰는 은어 및 하위문화 특유의 요소들을 이용함으로써 스스로를 주류 문화와 대중사회로부터 구별지을 줄 알아야 획득할 수 있는 것이라고 설명했다. 이때 미디어는 무엇이 유행이고 유행이 아닌지, 하위문화자본에서 무엇이 가치가 높고 낮은지의 의미를 부여하는 시스템의 핵심적인 역할을 한다고 주장한다. 다른 수많은 온라인문화와 마찬가지로, 클럽문화는 힙의 끊임없는 재정의를 통해 하위문화의 경계를 감시한다.

감히 덕후 하위문화geeky subculture에 침입하려는, 얄팍하고 무분별하며 아무 생각 없이 주류 취향을 좇는 젊은 여성을 향한 증오는 덕후 하위문화의 핵심으로 자리잡았다. 다양한 덕후 대안우파 하위문화에서 공통적으로 볼 수 있는 비유는 은어의 적절한 쓰임새와 전문지식을 모르면서 덕후 하위문화에 진입하려고 하는 젊은 여성에 대한 것이다.

이들이 비도덕적 하위문화의 반문화적 형식을 '이해하지 못하는' '인싸'와 '인싸년'을 놓고 벌이는 전반적인 담론은 다양한 음악적 하위문화들이 서로 경쟁했던 나의 사춘기를 떠올리게 하지만, 지금은 그 주체가 성인 남성들이며 더

인싸를 죽여라

심각한 정치적 영향을 미친다는 게 문제다. 리처드 스펜서는 인종분리주의의 귀환을 쿨하고 멋진 것으로 받아들이지 못하는 사람들을 '인싸' 혹은 '인싸년'이라며 비난한다. 마이크 세르노비치는 《뉴욕타임스》와의 인터뷰에서 힐러리 클린턴의 연설이 "그녀가 한 일 중 가장 어리석은 짓"이라며 "그녀의 소셜미디어 조언자들은 죄다 우리 때문에 기분이 상한 스물네 살짜리 인싸년들"이라고 덧붙인 바 있다. 파시스트들은 이제 자신들이 신랄하고 반문화적이고 위반적이라는 이유로 스스로를 도덕적으로 우월한 위치에 놓는 지경까지 왔다. 이쯤 되면 우리는 진부하고 낡아빠진 반문화적 이상의 가치에 대해 다시 한번 심각하게 고찰해야 하지 않을까.

또한 주류 온라인 플랫폼들이 점점 더 여성화되어가고 있다며 받는 일부의 공격에는 니체의 메아리가 깃들어 있다. 음악평론가 로빈 제임스Robin James는 이렇게 썼다. "니체가 대중의 특성을 여성적인 것으로 묘사한 것은, 그의 미학적 비전이 근대 민주주의와 그것의 비정통적인 문화와 타협 불가능한 대립의 위치에서 괴로워하는 단독자로서의 예술가-철학자-영웅이라는 것과 언제나 결부되어 있다." [2기 오바마 행정부에서 국무장관을 지낸] 존 캐리는 다음과 같이 말했다. "니체가 군중을 [가축 떼와 다름없는 것으로] 비하했던 시각은 근대 유럽문화의 창시자들이 보여준 시각과 많은 부분 닮아 있다." 온라인에서 흔히 보이는 "인터넷에 여자는 없다"라는 말은 초기 포챈의 '인터넷의 규칙'에 등장한 말이다. 이는 문자 그대로 인터넷에 여자가 없다는 말이 아니라 '진정한 인터넷'을 구성하는 여성은 없거나 극소수라는 주장이다. [이에 따라] 웹상에 여성은 없는 것으로 가정된 채 [여성에 대한] 논의가 이뤄지고, 이용자들은 남성으로만 상정된 청중 앞에서 여성에 대한 불만을 토로하고 공감을 얻는 장소로서 익명의 공간을 활용한다.

반페미니즘 인터넷 공간에서 수년 동안 유행한 '정액 변기cumdumpster'라는 속어는 남초 덕후 커뮤니티를 돌아다니며 쓸데없이 관심을 갈구한다고 여겨지는 여성을 향한 공격에 뿌리를 둔다. [미디어 연구자] 비샬리 매니바난Vyshali Manivannan에 따르면, 이러한 속어의 사용은 2008년에 일어난 한 악명 높은 사건에서 시작되었다. [2008년] 한 포챈 이용자는 '펨아논femanon'✛이라는 닉네임으로 글을 게시했다. 얼굴 부위는 자르고 가슴골만 드러내는 속옷차림의 사진이 첨부된 그 게시글은 최근 애인과의 결별에 관한 조언을 요청하며 [조건 위주의 결혼을 한다면] 자신이 혼외정사를 해도 괜찮은 건지 물었다. 매니바난에 따르면, 포챈 이용자들은 그

✛ 포챈 이용자들은 그 익명성의 문화에 따라 대부분 유동적 닉네임을 쓰는데, 이따금 자신의 특징을 드러내고자 'anon' 앞에 다른 말을 덧붙인 닉네임을 쓰는 경우도 있다. femanon의 경우 '여성'을 자신의 특징으로 쓴 닉네임이라고 볼 수 있다.

게시글을 하위문화적 관습에 어긋난 것으로 받아들였고 이에 따라 게시물을 [악의적으로] 편집하기 시작했다. 내용은 그가 배설물에 집착하는 것처럼 바뀌었고 '펨아논'이라는 닉네임 또한 '정액변기'가 되었다. 한동안 /b/의 메인페이지에 고정된 이 게시물에 대해 한 이용자는 "꼬챙이에 꽂힌 인간 대가리"와 같다고 표현했는데, 이는 포챈의 수용과 배제[의 메커니즘]에 대한 명료한 진술이기도 했다.

지금은 그 영향력이 줄어들었지만, 우경화와 함께 오늘날 대안우파의 많은 특징을 공유한 온라인 덕후 하위문화 중 하나로 '신新무신론'이 있었다. 알트라이트의 전신 중 하나라고도 할 수 있는 신무신론은 독실하고 비논리적인 사람들에게 망신을 주겠다는 [영국계 미국인 작가이자 사회비평가] 크리스토퍼 히친스Christopher Hitchens 유의 스타일이 바탕을 이뤘다. 요즘 보이는 '마일로 이아노풀로스의 페미니스트 참교육' 같은 영상들은 수년 전 유튜브에서 유행했던 '히치슬랩HITCHSLAP.^{✦✦} 멍청한 개독년 발라버리는 히친스'와 같은 신무신론 영상들의 공식을 그대로 따른다. 또한 앞서와 마찬가지로 여기에도 니체적이고 반주류적이며 반순응주의적인 감성이 흘렀다.

✦✦ 히친스의 이름에서 딴 '히치(Hitch)'와 뺨을 때리는 행위를 가리키는 '슬랩(slap)'을 합성한 말이다. 토론 상대를 제압하는 히친스의 모습을 담은 영상의 해시태그 기능을 했다.

여성 '신무신론자' 리베카 왓슨Rebecca Watson은 블로그 스켑칙Skepchick의 개설자이자 '우주를 여행하는 무신론자를 위한 안내서The Skeptics' Guide to the Universe'라는 팟캐스트의 공동 진행자였다. 2011년, 그는 엘리베이터게이트#elevatorgate라고 알려진 온라인 폭풍의 한가운데서 엄청난 사이버폭력의 피해자가 되었다. 그가 블로그에 올린 〈레딧 때문에 무신론자들이 싫어진다〉라는 글은 남초 온라인 무신론자 커뮤니티에서 젊은 여성들이 토의에 참여하려 한다는 이유만으로 조롱받는 일에 관한 내용이었다. [이 글을 바탕으로] 2011년 6월, 리베카 왓슨은 리처드 도킨스Richard Dawkins와 함께 한 행사의 패널로 참석해 발언했고 그 후 행사장에서 겪은 일을 [다른 매체에 기고한 글을 통해] 밝혔다. 엘리베이터게이트의 발단은 바로 그 글이었다.

나는 온라인에서 무신론을 논한다는 게 내게 어떤 일로 다가오는지, 내가 여성이라는 사실이 강간 위협이나 성희롱으로 돌아오는 반응에 어떤 영향을 미치는지를 이야기하고자 했다. 청중은 귀를 기울여주었고, 행사가 끝난 뒤에도 호텔 바에서 여러 사려 깊은 무신론자들과 몇 시간이고 젠더, [성적] 대상화, 여성혐오 문제에 관해 이야기를 나눴다. 그러다 새벽 네 시쯤, 피곤하기도 하고 다음 날 토론도 남아 있으니 그만 자러 가야겠다고 양해를 구하며 자리에서 일어났다. 그렇게 엘리베이터를 타러 가는데, 이야기를 나누지도 않았던 한 남성이 따라 나와 곁에 섰다. [함께 탄] 엘리베이터 문이 닫히자 그는 "오해하지 마시길 바랍니다만, 그쪽이 굉장히 흥미로워요. 제 방으로 오셔서 커피라도 한 잔 마시지 않겠어요?"라고 말했다. 나는 정중히 거절한 뒤 내려야 할 층에서 내렸다.

리베카 왓슨은 이후 자신의 브이로그에서 이 일을 다시 한번 언급했다. 유튜브 영상 댓글창은 추잡한 성적 욕설과 위협으로 뒤덮였고 그의 위키피디아 페이지도 훼손되었다. 그는 이렇게 말했다. "몇몇 사람들은 수백 건의 메시지를 보내며 나를 절대로 가만두지 않겠다고 위협했다." 리처드 도킨스가 서구 페미니스트들은 이슬람 국가들에서 일어나는 훨씬 더 큰 고통에는 무관심하면서 엘리베이터에서 추파 좀 받은 게 그렇게 큰일이라고 호들갑을 떤다며 조롱을 얹자 왓슨을 향한 증오 메일은 그 강도가 더욱 심해졌다.

왓슨을 사칭하는 트위터 계정들이 생겨났고 이는 그의 지인들을 비난하는 데 사용되었다. 오로지 왓슨만을 겨냥한 블로그가 개설되었으며, 왓슨이 말하길 그런 블로그는 그의 과거 실수들을 파헤치고 목록으로 정리하며 법적으로 문제가 될 만한 것들을 캐내려고 안달이었다. 도킨스가 한마디 얹은 날로부터 일주일 뒤로 예정된 또 다른 무신론 회의에 참석할 일정이었던 왓슨은 한 남성으로부터 트위터 메시지를 받았다. 자신 역시 그 회의에 참석할 것이며 만약 엘리베이터에서 마주친다면 왓슨을 강간할 것이라는 내용이었다.

온라인 무신론 커뮤니티의 다른 여성과 페미니스트들은 남성의 공간을 여성적 문화로 오염시킨다는 이유로 자신들이 경험한 증오를 공유했다. 왓슨의 사례와 비슷한 일은 드물지 않았다. 왓슨과 공동으로 블로그를 운영하는 에이미 데이비스 로스Amy Davis Roth는 집 주소가 페미니스트 무신론자 증오 포럼 슬라임피트Slime Pit에 유포되어 이사를 해야 했다. 문제의 게시물을 올린 사람은 보이스포맨을 통해 그를 통렬하게 비난하는 글을 썼던 사람이었다. 페미니스트이자 무신론 블로거인 그레타 크리스티나Greta Christina는 이렇게 말했다. "예컨대 내가 '팬 갤럭틱 가글 블라스터'* 레시피나 '개쩌는 무신론자 여섯 명을 소개합니다' 같은 글보다 조금이라도 논쟁적인 이야기를 할라치면 엄청난 증오, 괴롭힘, 망신, 살해와 강간 위협 세례를 각오해야 한다." 또 다른 무신론자 제니퍼 매크레이트Jennifer McCreight도 같은 이유로 블로그 활동을 멈추고 모든 강연 섭외를 거절했다며 이렇게 썼다. "매일 아침 일어날 때마다 내가 정숙한 척하는 창녀다, 못

✣ 더글러스 애덤스의 소설 《은하수를 여행하는 히치하이커를 위한 안내서》에 등장하는 칵테일의 이름이다.

생겼다, 뚱뚱하다, 페미나치다, 저능아다, 쌍년이다, 보지년이다, 하는(몇 가지 예일 뿐이다) 욕설 댓글, 트위터 메시지, 이메일을 받는다. 더 이상은 못 견디겠다."

레딧의 무신론 포럼r/atheism에서 유래한 한 가지 밈이 있다. 남성과 달리 여성은 사진 기반 소셜미디어를 이용해 그들의 허영심을 채우려 하는 경향이 있다며 조롱하는 이 밈은 두 컷짜리 만화로 표현된다. 첫 번째 컷에는 다른 사람들에게 벽돌을 보여주려는 남성 이용자가 나오고 그가 올린 게시물에는 벽돌 사진이 있다. 두 번째 컷에는 똑같이 벽돌을 보여주려는 여성 이용자가 나오는데, 그가 올린 게시물에는 벽돌을 손에 들고 포즈를 취하며 애교 섞인 표정을 짓는 자신의 사진이 있다. 이 만화 이미지에서 남성은 단순히 대상을 보여주고, 여성은 논의 대상에 대한 흥미와 관심을 드러내는 척하면서 실제로는 자신의 사진을 찍어서 보여주는 것에만 관심을 두는 것으로 묘사된다.

온라인 무신론의 문화를 비판하는 페미니스트들이 기록한 바에 따르면, 해당 밈이 무신론 포럼에서 유행한 계기는 루남Lunam이라는 닉네임의 열다섯 살 소녀가 올린 한 게시물이었다. 이 게시물의 제목은 '완전 종교적인 우리 엄마가 크리스마스 선물로 사주신 거'였고, 그 내용에는 칼 세이건Carl Sagan의 《악령이 출몰하는 세상Demon-haunted World》을 들고 있는 자신의 사진이 첨부되어 있었다. 첫 댓글은 다음과 같았다. "마음의 준비를 해. 칭찬 세례가 쏟아질 테니까."
게시자의 의도가 남성들로부터 받을 아첨에 있지 않느냐고
에둘러 지적한 것이다. 그 뒤에 이어진 것은 게시자의 나이
에 관한 긴 토론이었으며 납치와 강간에 대한 말들이 난무
했다. 한 사람이 "항문에 힘 빼. 그래야 덜 아파"라고 댓글을
달면 누군가는 "피가 부드럽게 해주는데 굳이 젤은 필요 없
지"라는 식이었다. 루남은 이러한 댓글들에 다음과 같이 응
답했다. "무신론이든 과학이든 여자라는 이유만으로 진지하
게 받아들여지지 않는다는 걸 알게 됐을 때 그 느낌dat feel이
란……" 이에 돌아온 것은 비꼬는 투의 반응이었다. "뭐, 네
가 '그 느낌dat feel'이라고 말한다면야……."✦

이는 남성 중심 온라인 덕후 하위문화의 경향 중 일부에
불과하다. 여성들은 하위문화의 신랄함을 무디게 만드는 위
협으로 간주되고, 대중적 플랫폼 특유의 가벼운 정서와 도덕
적·행동적 제약을 가져와서 하위문화 영역을 오염시키는 세
력으로 받아들여진다. 이러한 반여성적 덕후 장르의 초기 사
례로는 2010년 5월경에 나타난 '등신 너드 소녀Idiot Nerd Girl'
밈이 있다. 이 밈의 주인공은 두꺼운 뿔테 안경을 쓰고 손바

✦   'Dat(that) feel when……'은 영미권 인터넷 이용자들이 어떤 상황을 맞이
한 자신의 감정 상태에 대해 타인의 공감을 유도할 때 쓴 일종의 유행어다.
여기서는 열다섯 살 소녀가 자신의 비참함, 참담함을 언급하는 의미로 유행
어를 쓴 것일 텐데, 이에 대해 '유행어를 썼으니 진지하게 받아들일 이유가
없다'고 여긴 남자들이 다시금 딴지를 건 것이다.

인싸를 죽여라

닥에 '너드'라고 쓰여 있는 십 대 소녀다. 이미지 상단에는 '덕후 문화'의 레퍼런스가 담긴 한 문장이 쓰여 있고, 하단에는 하위문화에 대한 지식이 전혀 없음을 드러내는 한 문장이 쓰여 있다. 예컨대 [상단에는] '너드'를 자처하는 대사가 쓰여 있고 [하단에는] "월드 오브 워크래프트가 뭐야?", [상단에는] "백 투 더 퓨처 완전 재밌어!"가 쓰여 있고 [하단에는] "기가와트가 도대체 뭐야?" 하는 식이다.

위반적이고 반문화적인 포럼을 자처하는 곳에서 여성들은 대체로 '관종 창녀attention-seeking whore' '별창camwhore'** '정액변기'로 불리며 하위문화의 관습을 '제대로 이해하지 못하고' 헛소리만 남발하는 존재로 간주된다. 여성들이 으레 전시하고 다니는 것으로 간주되는 허영심은 챈문화 안에서 아주 격렬한 거부 반응을 일으킨다. 개인의 정체성과 사진에 기반한 인스타그램, 페이스북 같은 주류 소셜미디어와 주류 온라인문화의 특징이 여성적 허영심이라고 보기 때문이다. 하위문화들은 자신들의 네트워크가 이처럼 대중화되고 여성화되는 데 공격적으로 반대함으로써 그 경계를 지키고자 한다.

***

** camwhore는 신체를 노출하는 인터넷 방송으로 수익을 얻는 여성을 비하적으로 가리키는 말이다. 한국에서는 인터넷 방송 플랫폼 아프리카TV의 후원 방식이 별풍선이라는 아이템으로 이루어진다는 점에 기인해 '별풍선'과 '창녀'를 합성한 '별창'이라는 말이 비하적 의미로 쓰인다.

다시 말하지만, 이는 전혀 새로운 일이 아니다. [《섹스 반란》의 저자] 조이 프레스와 사이먼 레이놀즈는 전후戰後 사회 질서의 범속성을 향한 젠더화된 공격으로 영화 〈이유 없는 반항〉과 존 오즈번John Osbourne의 희곡 《성난 얼굴로 돌아보라》를 언급하며 다음과 같이 서술한 바 있다. "1950년대의 저항 담론은 순응주의의 수장이 여성이라는 생각에 사로잡혔다." [1962년 출간된] 《뻐꾸기 둥지 위로 날아간 새》에서는 반항아 기질이 다분한 수감자 하딩이 사악한 간호사 랫치드에게 저항하며 다음과 같이 경고한다. "친구들이여, 우리는 모계사회의 희생자들이야." 이러한 상상 안에서 순응은 여성적인 것이고 반항은 남성적인 것이다.

대안우파의 세계에서 염세주의와 여성혐오, 그리고 여성적인 것으로 여겨지는 순응에 대한 증오가 결합한 것 또한 전혀 새롭지 않다. 《섹스 반란》에 따르면, 반항아의 상상 안에서 여성은 "순종으로서의 거세"의 피해자이자 대리인이다. 이러한 연결고리는 1942년 필립 와일리Philip Wylie의 저서 《독사들의 세대Generation of Vipers》에서 드러난 바 있다. 미국 사회가 퇴행했다는 근거로 여성화된 얄팍한 대중문화와 소비문화, 그리고 물질주의를 말하는 이 책에서 필립 와일리는 [미국의 모성 숭배를 비판하기 위해] 마미즘momism이라는 개념을 말한다. '빨간 약' 운운하는 반페미니즘 온라인문화와 비슷하게, 1950년대에서 1960년대 남성들의 반항문화는 결혼과 가정의 덫이라는 것을 적으로 내세우며 따분한 범속성의 반혁명적 압력을 가하는 자리에 여성을 배치했다.

여성성과 대중문화의 부정적 연결고리는 더 오래전 과거에서도 목격된다. 문학평론가 안드레아스 후이센Andreas Huyssen은 [1856년 귀스타브 플로베르의 소설]《마담 보바리》로 거슬러 올라간다. 모더니즘의 아버지들이 '엠마 보바리가 즐겨 읽었던 대중 문학을 가차 없이 거부하는 데 기반한 미학'을 표현하던 시기에 쓰인《마담 보바리》는 연애소설을 읽는 여성을 결코 호의적이지 않은 방식으로 재현했다. 후이센은 이 시기의 **타자**가 여성이라고 봤다. 여성 운동의 태동기인 이 시기, 남성 중심 엘리트사회의 대문 앞에 있는 적들은 바로 여성이었다.

> 세기의 전환기 무렵 정치적·심리적·미학적 담론이 얼마나 일관되고 집요하게 대중문화와 대중을 여성적인 것으로 젠더화했는지, 반면에 고급문화는 전통적이든 근대적이든 상관없이 언제나 명백히 남성적인 것으로 특권화했는지를 살펴보면 정말이지 놀랍다.

〈파이트 클럽〉이야기를 다시 해보자. 초기 포챈의 50가지 '인터넷의 규칙'에는 "가슴 보여줄 거 아니면 당장 꺼져라"와 "인터넷에 여자는 없다" 외에도 가장 먼저 제시되는 두 가지 규칙으로 "/b/에 대해 말하지 않는다"와 "/b/에 대해 절대 말하지 않는다"가 있었다. 이는 〈파이트 클럽〉에 나오는 규칙을 그대로 모방한 것이다. "파이트 클럽에 대해 말하지 않는다." ["파이트 클럽에 대해 절대 말하지 않는다."]

〈파이트 클럽〉의 주인공 타일러 더든[브래드 피트 분]은 후기산업사회 여성화된 화이트칼라 직장생활의 소심함에 저항하고 소비문화에 대한 무력한 순응을 거부하는 반항적 남성성의 귀환을 구현하는 인물이다. 에드워드 노튼이 연기한 인물은 순종적이고 무기력하며 소비에만 빠진 베타메일인 반면, 그의 다른 자아인 타일러 더든은 여성을 갈구하지도 않고 여성에 의해 통제되지도 않는다는 점에서 반문화적인 알파메일이다. 그가 판매하는 분홍색 비누는 지방흡입술을 받은 여성의 지방을 재가공한 것인데, 여성들은 지방흡입술로 지방을 빼내곤 [피부 관리 등을 위해] 다시 그 지방을 구입하는 모습으로 그려진다. 이 영화는 여성적 허영심에 대한 경멸, 순종성의 파괴, 소비주의에 대한 반항을 결합하는 시각을 보여주며, 이는 [오늘날] 믹토우문화의 중심이라고도 할 수 있다. 또한 이러한 시각은 전통적인 남성의 역할과 페미니즘적인 새로운 남성의 역할을 모두 거부하는 저항적 남성성을 형성하며 반순응주의적 해독제로 기능한다.

대안우파의 레토릭은 대체로 영화 속 타일러 더든이 보여주는 반순응주의적이고 무정부주의적인 스타일, 즉 단잠에 빠진 내면의 게으름뱅이 소비주의자를 각성시켜 스스로 빨간 약을 먹고자 하는 것과 같은 모습을 반영한다. 영화 속 더든은 [파이트 클럽에 모인 회원들에게 일종의 연설을 하는 장면에서] 주류의 남성성을 다음과 같이 묘사했는데, 이는 1960년대 반문화의 반항적 남성성과 공명하는 것은 물론이고 오늘날 대안우파에게서 발견되는 남성성의 개념이기도 하다.

…… 우리는 화이트칼라의 노예들일 뿐이다. 광고는 우리에게 자동차와 옷을 욕망하라 하고 우리는 필요도 없는 걸 사기 위해 시간을 버린다. 우리는 목적을 상실한 역사의 고아다. 우리는 2차 세계대전을 겪지 않았다. 대공황도 없었다. 우리가 겪는 건 영혼의 전쟁이다. …… 우리의 대공황은 곧 우리의 삶이다. 텔레비전은 우리가 언젠가 백만장자, 잘나가는 영화배우, 록스타가 될 거라고 말했지만 우리는 그렇게 되지 못한다. 우리는 그걸 아주 천천히 깨닫기 시작했고 몹시 분노한다.

이 대사는 정확히 믹토우 운동과 반페미니즘적 남초 커뮤니티 일반의 수사학적 어조와 형식이 되었고, ['남성성의 상실'이라는 의미에서] 아버지의 부재는 여성을 향한 더 가혹한 비난의 이유가 되기도 한다.

〈파이트 클럽〉에는 무능한 남자라는 테마도 있다. 영화의 화자인 잭은 "다른 수많은 이들과 마찬가지로 나도 이케아의 노예가 되었다"라며 화장실 변기에 앉아 이케아 카탈로그를 넘긴다. 나중에 더든은 잭에게 묻는다. "어째서 너와 나 같은 남자들이 듀베duvet[커버와 이불속이 분리되는 형태의 이불에서 그 이불속]라는 게 뭔지를 알고 있는 거지?" 이 대사는 온라인 우익과 마찬가지로 남성우월주의와 반페미니즘을 가로지르며 길들임이라는 여성적 영향력에 대한 거부와 반항적 불안을 망라한다. 위반적 온라인 우익의 새로운 '펑크'라는 담론적 형식에서, 정착하고 둥지를 튼다는 것은 [남성적인 것으로 여겨지는 호기로움과 매서움을 잃고] 무뎌진다는 것과 직결되어 있다. 위반과 포르노그래피, 그리고 폭력의 재현들은 정착에 대항하는 힘으로 여겨지며 남성의 공간을 침해하는 여성들을 향한 온라인 증오 범죄의 동력이 된다.

　미국 고등학교를 배경으로 하는 영화들에서 쉽게 볼 수 있는 오래된 클리셰는 근육만 있고 뇌는 없는 고교 운동선수의 모습으로 최악의 성차별주의자를 묘사하는 것이었다. 그러나 온라인 세계로 말미암아 타인의 내면을 엿볼 수 있게 됨으로써 드러난 놀라운 사실 중 한 가지는 한 번도 여자친구를 사귄 적이 없으며 타인의 행복에 지나친 시기심을 느끼지만 스스로를 샌님에 착한 남자라고 생각하는 사람들이 훨씬 더 증오로 가득하고 인종차별적이며 여성혐오적이라는 것이다. 마찬가지로 또 한 가지 놀라운 사실은, 1960년대 서구 대중문화를 지배해왔던 미학적 가치들, 즉 위반, 전복, 반문화 같은 것들이 오늘날 온라인 극우의 본질을 구성한다는 것이다. 온라인 극우는 종래의 극우적 편견을 그대로 유지하면서도 니체적 반도덕주의로 무장한 채 어떤 기독교적 윤리의 제약도 거부한다는 점에서 과거의 극우와는 확실히 다르다. 온라인 극우는 주류적이고 순응적이고 상식적인 그 모든 것에 대한 의로운 경멸로 가득 차 있다. 우리가 '트롤을 트롤링'하려는 시도로 이러한 새로운 우익의 언어를 그대로 쓴다거나 그들의 온라인문화를 모방한다는 것은 무의미한 일이다. 그보다 우리는 훨씬 더 깊숙한 곳의 무언가를, 온라인 우익이 드러내고 있는 그것을 거부할 기회를 놓치지 말아야 한다. 대안우파는 종종 리버럴 세력이 만들어낸 '마음의 감옥'을 이야기하며 진정으로 급진적이고 위반적이고 '신랄한' 것을 탐구하는 데 열의를 표현한다. 롤링 스톤스, 수지 수, 조이 디비전이 파시스트 미학으로 불장난을 한 지 반세기가 지나고, 〈오줌 예수Piss Christ〉✦와 〈파이트 클럽〉 이후, 이제는 대통령의 빠돌이들fanboys에서 맥도날드에 이르기까지 모두가 '신랄함'이라는 이미 죽은 말을 채찍질하고 있다. 이제 그만 지극히 최근의 너무나 현대적인 반문화의 미학적 가치와 그

✦　1987년 예술가 안드레스 세라노(Andres Serrano)가 자신의 소변을 담은 용기에 십자가에 못 박힌 예수의 조형물을 넣어 촬영한 사진작품.

에 기반한 패러다임을 내려놓고, 새로운 무언가를 만들어야
할 때가 되지 않았나 싶다.

오프라인으로 번지는
문화전쟁

이 책에서 훑어본 시기 동안, 마크 피셔는 온라인 신극우 운동이 반동적으로 부상하기 직전까지 몇 년간 문화적 좌파가 사로잡힌 집단적 히스테리의 혼란스러운 반지성주의적 문화에 맞서 목소리를 낸, 우파가 아닌 몇 안 되는 사람 중 한 명이었다. 2017년 1월 피셔가 자살로 생을 마감했다는 비보가 전해졌을 때, 온라인에서 수년 동안 피셔를 비방하고 모략한 이들이 보인 반응은 당신이 예상하는 그대로다. 고소해한 것이다.

　대안우파가 SJW라 일컫는 이들 중 상당한 영향력을 과시하는 트위터 이용자 스태버스Stavvers(어나더 앵그리 우먼 Another Angry Woman이라는 닉네임을 쓴다)는 마크 피셔의 죽음을 조롱하듯 자신의 위치를 '뱀파이어 성'으로 설정하곤 다음과 같은 트윗을 남겼다. "마크 피셔가 죽었다고 해서 그가 '까탈스러운 정체성주의자들'에 대해 한 말이 맞는 말이 되는 게 아니다. 좌파의 여성혐오도 피셔랑 같이 죽었으면 좋았을 텐데." 그러고는 이렇게 덧붙였다. "뱀파이어 망토를 두르고 밤하늘로 날아오르다." 이런 반응이야말로 그토록 잔혹한 문화전쟁이 벌어지는 동안 수많은 청년을 우익으로 몰아간, 까탈스러운 정체성주의자의 꽤 전형적인 예다. 좌파의 부패를 가장 훌륭하게 비판했던 좌파는 죽었고, 자신의 질 분비물을 효모 대신 써서 빵을 구웠다는 이야기를 페미니즘적 행동이라며 블로그에 올리는 한 사람이 그 무덤 위에서 춤을 췄다.

파괴적이고 비인간적인 이러한 유형의 좌파로 대표되는 유해하고 당혹스러운 온라인 정치는 좌파를 새로운 세대의 웃음거리로 만들었다. 지난 수년간 온라인에서 이루어진 타인에 대한 비방과 숙청 등 조직적 인신공격의 움직임은(그 대상은 반체제적이거나 독립적으로 활동하는 좌파도 예외가 아니었으며 특히 그들에게 더 가혹했다) 막대한 피해를 초래했다. 표현과 사상의 자유에 반하는 반지성주의적 온라인 운동은 정치를 신경증으로 대체했으며, 이는 수백만 명의 네티즌이 목격한 대학 캠퍼스에서의 실제 상황과도 분리될 수 없다. 대학 캠퍼스에서 일어난 일련의 사건 이후 우파는 아마 역사상 처음으로, 흥미롭고 재미있으며 용감하다는 말과 연결되었다. 마일로 이아노풀로스가 자신에게 항의하는 대학생들에게 토론을 해보자고 도발했던 것은 그들이 응하지 않을 것이며 응할 수도 없을 것이라고 예상했기 때문이었을 것이다. 그들은 전문용어를 인용하며 이견은 숙청해버리는, 즉 지적으로 철저히 폐쇄적인 텀블러와 트리거 워닝의 세계에서 온 이들이었다.

온라인 우파는 훨씬 더 끔찍해졌고, 상당수가 유대인에 대한 음모론을 신봉하는 등 불과 몇 년 전만 해도 상상도 하지 못했던 수준의 극우로 옮겨갔다. 인터넷 게시판, 유튜브 댓글창, 트위터 등에서 볼 수 있는 온라인 우파는 그들 안에서 가장 가벼운 유형에 속하는 이들마저도 상상할 수 있는 최악의 인종차별주의적 비방과 여성과 소수자에 대한 악랄한 인신공격을 내뱉으며 [실질적인] 폭력에 대한 상상까지도 드러내고 있다. 당연히 유대인 관련 음모론과 '라퓨지 rapugee'⁺라는 비인간적인 욕설도 뒤따른다. 이제는 보수 진영 안에서도 문화전쟁 이후 우파가 드러내는 몰인간성을 염려하는 사람이 나오기 시작했다. 예컨대 《내셔널리뷰》의 데이비드 프렌치David French가 감히 트럼프를 비판했을 때, 이아노풀로스를 비롯한 대안우파 투견들은 가차 없이 달려들었

✤　'난민'을 뜻하는 refugee와 '강간'을 뜻하는 rape의 합성 조어로, '난민(특히 이슬람권에서 온 난민)은 잠재적 강간범이다'라는 경멸적 의미의 혐오표현이다.

다. 프렌치는 다음과 같이 썼다.

> 당신의 예쁜 딸이 '새끼 검둥이niglet'라 불리는 모습을 보는
> 건 결코 뿌듯하거나 즐겁거나 만족스러울 리 없다. 남자들
> 이 줄지어서 당신의 아내와 잤다는 이야기를 자세하게 떠
> 들어대는 모습을 보는 건 결코 뿌듯하거나 즐겁거나 만족
> 스러울 리 없다. 전화기가 차단되고 모니터에는 살인의 이
> 미지가 떠다니는 상황에서 협박 메일을 읽다 보면 사람은
> 불안에 떨 수밖에 없다. 십 대 자녀들만 있는 집에 누군가
> 들이닥칠 경우를 대비해 아이들을 시골로 데려가 총기 사
> 용법을 알려준다는 건 정말 심각한 일이다. 친구와 지인들
> 이 나와 내 동료들이 겪는 일을 단지 공적 발언에 따른 비
> 용에 불과한 것으로 치부할 때 고통은 더해진다. 이건 차
> 원이 다르다. 나는 10여 년을 《내셔널리뷰》에서 일했고 20
> 여 년을 미국에서 일어난 가장 폭발적인 문화전쟁의 전투
> 들에 깊숙이 관여해왔다. 이전까지 이런 일은 당해본 적이
> 없다.

트럼프나 온라인 트럼프 우파의 인물을 비판한 여러 언
론인과 시민들은 자신이 받은 끔찍한 공격과 협박을 증언했
다. 특히 여성이거나 흑인이거나 유대인일 경우 그 공격과
협박은 더욱 심했으며 '오쟁이 진 보수'도 예외가 아니었다.

누군가 감히 트럼프나 그를 추종하는 대안우파의 유명인 혹은 알트라이트 인사를 비판한다면, 인터넷에서 볼 수 있는 가장 집착적이며 고삐가 풀린 채 분노하는 사람들 수천 명이 그에게 달려든다. 주류 언론은 여전히 대체로 반트럼프 입장을 견지하지만, 이런 일들이 앞으로의 비판적 사고와 발언을 위축시키지 않으리라 믿는 건 굉장히 순진한 생각일 것이다. 그런 고통을 감내할 수 있는 사람은 점점 더 줄어들고 있다.

2017년 2월 마일로 이아노풀로스의 커리어가 화려하게 몰락해버리기 직전, 그는 과거 1964년 좌파에게 표현의 자유의 성지였던 캘리포니아대학교 버클리 캠퍼스에서 강연 투어의 폐막 연설을 할 계획이었다. 이미 많은 사람이 버클리에서 일어난 폭력시위의 아이러니(우파가 아닌 좌파가 캠퍼스 내 발언을 검열한다는 역사적 반전)를 지적한 바 있지만, 또 한 가지 중요한 사실은 그 폭력시위가 이아노풀로스의 강연 투어 마지막 날에 일어났다는 사실이다. 투어가 진행된 1년 동안 미국 대학의 좌파는 이념의 측면에서 그를 몰아내는 데 확실히 실패했고, 결국 마지막 날 폭동을 선택했다. 인터넷에서 흔히 볼 수 있는, 주먹으로 얼굴을 가격당하는 리처드 스펜서의 밈처럼 순간의 충동적인 폭력은 가차 없는 패배에서 기인한 낯선 기분에 일시적으로나마 위안을 안겨주는 듯했다.

한밤중 이아노풀로스의 여성 팬이 얼굴을 구타당하고,

또 다른 젊은 여성은 깃대로 머리를 얻어맞고, 한 남성은 바닥에 눕혀 의식이 없는 채로 여러 사람에게 맞는 와중에 누군가 "패버려!"라고 외치는 영상이 트위터에 업로드되어 빠르게 퍼졌다. 건물 일 층의 유리벽이 박살 나고 화재가 발생했으며 이아노풀로스가 대피하는 것으로 강연은 취소되었다. 이날 밤 폭력의 피해자는 우파였지만 다른 한편에서는 반이아노풀로스 시위자 또한 총격을 받았다.

이아노풀로스의 강연 투어에서 일어난 사건은 현대의 문화적 진보주의가 마주한 깊은 지적 무력을 고통스러울 만큼 노출하며, 우파로부터 제기되는 이견을 적절한 방법으로 다룰 수 없는 상태라는 것을 드러냈다. 인터넷 하위문화로부터 조성되어 대학 캠퍼스로 확산된 순수 정체성주의에 기반한 자기 지향적 진보주의와 텀블러 리버럴이라는 현대적 양식의 문제는 바로 이것이다. 비극적이게도, 지금 이 당혹감에 빠진 위대한 좌파 운동의 후계자들이 1964년 버클리에서처럼 사상의 설파를 통해 사람들을 우리 편으로 끌어들인다는 개념 자체에 고통스러워하고 불쾌해하고 격노하는 것처럼 보인다는 것이다. 이아노풀로스는 축출됐지만 사상의 전투에서 패배했기 때문에 축출된 게 아니다.

최근 몇 년 동안의 온라인 문화전쟁은 우리의 상상 범위 이상으로 끔찍해졌고, 그것이 도래케 한 아비규환의 상태에서 쉽게 벗어날 수 있는 길은 어디에도 없어 보인다. 진보주의자들은 '분노'가 '네트워크가 되어' 그것이 실생활로 터져 나오기 시작했다며 기뻐했지만, 그들이 예견한 리더 없는 디지털 혁명으로서의 유토피아적 인터넷 중심 시대는 삽시간에 우리로부터 멀리 달아나버렸다. 갈수록 더 곪아가는 비인간적이고 반동적인 온라인 정치는 불과 몇 년 전만 해도 상상도 하지 못했던 것이지만 이제 주류에 가까워지고 있다. 우리는 온라인 세계가 이것을 더 부추기지 않고 억제할 수 있기만을 바랄 따름이다.

이 책은 앤절라 네이글의 《Kill All Normies》(Zero Books, 2017)를 한국어로 옮긴 것이다. 앤절라 네이글은 아일랜드계 미국인 문화연구자로, 아일랜드 더블린시티대학교 커뮤니케이션 전공을 졸업한 뒤 데뷔작인 이 책으로 널리 이름을 알렸다. 그는 현재 '진보적 신자유주의'(민주당)와 '반동적 신자유주의'(공화당)라는 두 개의 헤게모니 블록으로 양분된 미국의 문화정치 지형에서 양쪽 모두를 혹독하게 비판하는 글을 여러 매체에 기고하며 페미니즘과 민주사회주의의 건전한 접합을 도모하고 있다.

내가 앤절라 네이글과 이 책을 접하게 된 것은 순전히 우연이었다. 그 우연에는 마크 피셔의 책을 빼놓을 수 없다.

마크 피셔의 《자본주의 리얼리즘Capitalist Realism》을 아주 재 밌게 읽은 이후, 그 책을 펴낸 Zero Books의 책들을 눈여겨 보던 중 이 책을 발견했기 때문이다. 제목과 짧은 소개만 보 고 별생각 없이 구매한 이 책은 어려운 영어임에도 불구하고 단숨에 읽었다. 출간 당시 미국에서 폭발적인 반응이 있었고 짧은 시간 내에 독일어와 이탈리아어로도 번역되었지만 한 국에서는 저자의 이름은커녕 책 제목도 알려진 바가 거의 없 어 아쉬웠는데, 이렇게 번역하고 소개하게 되어 굉장히 기쁠 따름이다.

한국의 '인싸'와 '아싸'에 대한 이야기를 먼저 하고 싶다. 유튜브의 한 프로그램에 출연한 미모의 남녀가 서로를 마주 보고 앉아 있다. 각자의 얼굴 옆에 표시된 캡션에는 "20번 이 상 고백받음. 연애 10번"이라고 쓰여 있다. 여기까지는 아무 런 문제가 없다. 하지만 그 밑에 붙은 단어 하나가 뭇 젊은 네 티즌들을 분기탱천하게 만들었다. 바로 '아싸'라는 말이었다. 댓글창에서는 연애 경험이 그렇게 많은 사람이 무슨 자격으 로 아싸를 참칭하느냐는 불만이 터져 나왔다. 연애 경험이 전무한 사람만이 아싸인 것은 아니지만, 고백을 받거나 연애 를 한다는 것 자체가 아싸에게 일생의 진귀한 사건이라는 것 만은 분명해 보인다.

외톨이를 뜻하는 '아웃사이더'의 준말인 '아싸'는 인터넷 문화에서 하나의 정체성이 되었다. 스스로를 아싸라고 생각

인싸를 죽여라

하는 사람들은 마치 '빼앗긴 가난'에 대한 원망처럼 자신의
정체성을 액세서리처럼 전유하려 드는 '인싸'(인간관계가 풍
요로우며, 관계 안에 자유롭게 진입할 수 있다는 점에서 '인사이더'
라고 불리는)를 향한 원한과 분노를 키워간다. 이것이 장기화
될 때 일부는 자기 합리화가 되고, 나아가 인싸보다 아싸가
낫다는 자기만족으로 이어지기도 한다.

먼저 인터넷문화에서 쓰이는 '아싸'의 범위가 제대로 정
해져 있지 않다는 점을 언급해야겠다. 통상적으로 사람들이
인터넷에서 '아싸'에 대해 이야기할 때, 여기에는 내향형이라
는 개인의 기질적 측면과 관계 맺기의 실패라는 사회적 소통
의 측면이라는 두 가지 '아싸'가 뒤엉켜 있는 것처럼 보인다.
한편에는 사람들을 만날 때 에너지의 소모를 느끼고 집에서
충전하는 시간을 반드시 가져야 하는 사람, 협소한 인간관계
에도 충만함을 느끼는 사람, 단순히 조용하고 말수가 적은
사람 등이 있고, 다른 한편에는 인간관계에 목말라하지만 모
종의 이유로 네트워크에 진입하지 못하는 사람, 집단으로부
터 거부당한 사람, 관계 맺기를 단념한 사람, 상대를 존중하
지 않아 그나마 있던 친구도 나가떨어지게 만드는 사람이 있
다. '아싸'라는 말은 이러한 이들이 뒤엉켜 구분 없이 쓰인다.
따라서 일견 친구도 많고 연애도 잘하면서 '아싸'를 자처하는
사람이 있는 것도 이상하지 않은 일이며, 이에 대해 후자에
해당하는 사람들이 이해할 수 없다는 반응을 보이고 분노하

기까지 하는 것도 이해할 수 있는 일이다.

문제는 '아싸'의 의미에서 마지막 것에 해당하는 사람, 즉 상대방을 존중하지 않는 등 기본적인 사회화가 부족해 그나마 관계를 맺던 사람들도 나가떨어지게 만드는 이들이 스스로를 '아싸'로 자처하는 경우다. 혹자는 이들이 '아싸'가 아니라 '찐따'라고 꼬집는데, 인터넷 커뮤니티에 포진해 있는 이들이 서로 막말과 폭언을 주고받고 때로 의기투합하여 여성을 공격하고, '맘충'과 '잼민이'(어린이를 가리키는 멸칭 신조어)를 운운하고 유명인들을 인신공격하며 그것으로 타인과의 소통을 도모하기 때문이다. 하지만 빼앗긴 이름으로서의 '아싸'에 대한 분노에 동참하는 이들은 인싸를 향한 원한과 혐오를 키워가면서 자신들의 사회성 결여, 나아가 반사회성을 합리화한다.

코로나19 바이러스의 유행으로 사회적 거리 두기 조치가 시행되면서 집에서 두문불출하는 것이 미덕처럼 여겨지자 인터넷에 모인 아싸들은 스스로를 사회에 이바지하는 영웅이라며 자조 섞인 농담을 하곤 했다. 그런 가운데 술집과 클럽은 문전성시를 이루었고, 감염과 전파가 우려되는 와중에도 기어이 누구든 만나서 술을 마시고 몸을 맞대며 춤을 춰야겠다는 단호한 결의를 지닌 인싸들은 뭇사람의 질타를 받았다. 사회적 거리 두기가 조금만 완화되어도 유흥가에는 엄청난 인파가 몰려 한 발자국도 움직이지 못하는 광경이 펼쳐

지면서, 한동안 '인싸'라는 말은 젊은 네티즌 사이에서 욕설이자 멸칭으로 통하기도 했다. 앞서 말한 반사회적인 청년들이 이러한 사태를 지켜보며 원한을 키우고 있음은 물론이다.

'인싸'를 향한 원한이 갈수록 확대되는 사태는 동서를 불문한다. 'normie'라는 말은 직역하면 '평범한 사람'인데, 이 말은 사회로부터 기대되고 요구받는 일인분의 사회생활과 경제활동을 충실히 수행하며 건전한 인간관계를 맺고 주류의 감성을 따르는 사람을 가리킨다. 그런 면에서 한국에서 쓰이는 '인싸'와 그 의미가 같다고 할 수 있다. 다른 점이 있다면, normie의 의미에는 몇 가지 층위가 더 있다는 것이다. normie는 소수의 '너드' '긱' 혹은 '덕후' 문화에 익숙하지 않은 사람, 정치에 무관심한 사람, 별걱정 없이 사는 사람 혹은 '머릿속이 꽃밭'인 사람, 사회가 시키는 대로 잘 따르는 사람이라는 의미도 포함된다. normie를 욕설 또는 멸칭으로 쓰는 사람들은 한편으로는 이들의 '정상적'인 삶을 부러워하고 다른 한편으로는 시기, 질투, 나아가 저주하거나 살인도 마다하지 않는 증오심으로 가득 차 있다.

중요한 것은 이러한 증오를 불태우는 이들 중 상당수가 삼십 대 이하의 젊은 남성들이라는 점이다. 이들이 '인싸'를 향해 분출하는 분노, 원한, 증오에는 엄청난 열패감과 불안이 깃들어 있다. 알파메일 때문에 '번식 경쟁'에서 탈락했다고 믿는 데서 오는 열패감, 혹은 곧 탈락할 것이라는 불안이다. 이들은 스스로를 알파메일에 패배하는 베타메일로 규정하고는 비자발적 독신, 즉 '인셀'이라는 자신의 처지를 비탄하며 알파메일과 알파메일에게 '들러붙는' 여성들을 저주한다. 이들은 연애 및 관계 맺기를 사냥과 다름없는 것으로 간주한다. 이러한 인식은 미국 남성 청년들 사이에서 특히 심한 것으로 보이며, 앤절라 네이글이 이 문제에 대해 직접적으로 그 원인을 추정하는 논의를 펼치지는 않았지만 남초 커뮤니티 전체를 관통하는 정서로 끊임없이 여성혐오가 언급된다.

7장에서 거론된 할리우드 상업영화의 한 장르인 '하이스쿨 무비'의 전형적인 클리셰를 상기해볼 필요가 있다. 그 클리셰는 이런 식이다. 남자 주인공은 대체로 모범생 스타일의 착한 '너드'다. 그리고 이러한 주인공을 괴롭히는 같은 학교의 미식축구부 선수가 있다. 공부도 안 하고 폭군처럼 행동하며 최악의 성차별주의자로 묘사되지만 그에게는 늘 수려한 외모의 머리가 나쁜 여학생들이 '들러붙는다'. 묵묵히 견뎌가는 주인공 앞에 어느 날 조용하고 재미없어 보이지만 알고 보면 엄청 예쁜 여학생이 나타나고, 결국 해피엔딩을 맞이한다. 이러한 대중문화 텍스트를 지속적으로 접하는 청년들은 너드 주인공에 자신을 이입하며 언젠가는 저 주인공처럼, 마음씨 착한 자신을 알아봐주고 있는 그대로의 모습을 좋아해주는 청순하고 예쁜 여자를 만날 수 있으리라는 환상을 키워간다. 알파에게 '사냥당하지' 않는, 먹이사슬을 초월한 구원자이자 전리품으로서의 여성을 상상한다. '갓양녀' '갓본녀' 운운하며 한국 여성을 폄훼하는 한국 남성들처럼, 미국의 젊은 남성들 또한 마찬가지로 동양인 여성과 비교하면서 서양인 여성을 평가하고 폄훼한다. 앤절라 네이글이 꼬집었듯이, 최악의 성차별주의자는 근육질의 운동선수가 아니라 자신의 여성혐오적 시각을 인식하지 못한 채 스스로를 착하다고 확신하는 남자일 가능성이 높다. '멍청한 여자들'을 되뇌며 여성을 일종의 전리품과 다름없는 것으로 취급하는 여성혐오 문화는 인터넷 커뮤니티를 통해 더욱 증식해왔다. 네이글의 문제의식과 관련하여 특히 심각한 문제로 지적할 수 있는 것은 인셀들이 여성혐오적 밈을 대량으로 만들고 그것을 유머로 둔갑시켜 유포하기 때문에 그것이 누구에게라도 닿을 수 있다는 것이다. 그렇게 전리품으로서의 여성이라는 서사는 끊임없이 확산되고 특히 젊은 남자들의 머릿속에 쉽게 각인된다.

이러한 인식은 한국에서도 다르지 않다. 미국처럼 먹고 먹히는 사냥까지는 아니더라도, 시장 논리와 마찬가지의 논리로 연애를 이해하는 인식이 팽배하다. 언제부터였는지는 몰라도 많은 사람의 입에 '연애 시장'이라는 말이 자연스럽게 오르내린다. 부모와 교사들로부터 '시험 점수가 올라갈수록 아내 얼굴이 달라진다'는 말을 들으며 성장한 이들에게 구애는 구직과 진배없는 행위가 된다. 그리고 오늘날 구직 활동 관련해서 겪는 어려움과 비슷하게, 노력한 만큼의 보상이 따르지 않는다. 이러한 현실이 여성혐오의 인식과 만날 때, 이들은 자신이 아무리 애쓰고 노력해봐도 '여자들은 어차피 돈을 따라가고 운 좋게 잘 타고난 얼굴을 따라간다'고 받아들인다. 이에 따라 일부 한국 청년 남성들 사이에서는 이성에게 호의를 얻기 위한 일체의 노력 자체를 파업해버리는 경향도 목격된다.

이러한 경향을 집약적으로 보여주는 사례로, 2021년 말 젊은 한국 남자들 사이에서 유행한 이른바 '설거지론'이 있다. '설거지론'이란 여성을 더러워진 그릇에 빗대며 뭇 한국 여성이 결혼 적령기 직전까지 소위 잘생기고 인기 많은 남자와 사귀며 즐기다가 때가 되면 안정적이고 풍요로운 삶에 정착하고자 인기는 없지만 경제력은 갖춘 남자와 결혼한 뒤 가사는 도외시하고 외간 남자를 만나고 다닌다는 서사다. 그러한 여자와의 결혼을 더러워진 그릇을 설거지하는 행위에 비유하는 것이다. 여자가 즐기기만 하다가 (딱히 사랑하지도 않는) 능력 있는 남자를 사로잡아 별다른 노력 없이 안정적인 삶에 안착한다는 서사는 이미 '취집'(취업 대신 시집)이라는 말로 표현된 바 있다. 설거지론은 '취집'의 여성혐오적 의미에 그와 결혼한 남자에 대한 조롱과 연민이 더해진 것이다. 어쨌건 설거지론을 떠들고 다니는 사람들은 그 자신은 거의 경험이 없다시피 한 연애와 결혼에 관련한 온갖 편견과 도시 전설들을 한 번에 설명해줄 수 있는 보편적인 '이론'으로 설거지론을 신봉하고 있다. 조롱이든 연민이든 그 핵심에는 결혼과 연애를 못/안 하는 내가 저 '설거지남' 혹은 '퐁퐁남'보다 낫다는 자기 위안이 있다. 즉, 이제는 경제적으로 성공해 '트로피 와이프'를 취하겠다는 욕망조차도 내던져버린 셈이다. 다만 오해하지 말아야 할 것은 이들이 말하는 게 독신주의는 아니라는 것이다. 이들의 선언은 나의 경제력, 직업, 배경 등 조건을 전혀 보지 않고 있는 그대로를 사랑해줄 여자가 반드시 있을 것이며 그 여자를 기다리겠다는 선언이다. 설거지론의 유행으로 달라진 것은 이것이다. 이제는 연애할 수 있는 가능성을 조금이라도 높이기 위한 일체의 노력을 내던지고, 괜찮은 사람으로 보이기 위한 최소한의 가식마저도 벗어버린다. 가식은 '있는 그대로의 나'가 아니기 때문이다.

이들이 보기에 결혼한 남자는 저 설거지론의 '진실'에 무지한 채 스스로를 구렁텅이로 밀어 넣은 한심한 사람이다. '걱정 없이 사는 사람 혹은 머릿속이 꽃밭인 사람'에 해당한다. 설거지론에 입각한 기혼자 조롱은 사회가 시키는 대로 잘 따르는 사람에 대한 원한이 섞여 있기도 하다. 처량한 아싸 신세가 된 탓을 인싸에게 돌린다. 남자들이 자꾸 '보빨'해주니까 여자들이 더 기고만장해지고, 결국 우리같이 착한 남자는 안 만나준다는 것이다.

미국의 대안우파는 우리나라 인셀들의 미래라고도 할 수 있다. 앞서 말한 원한, 분노, 증오, 혐오 등의 멘털리티를 가진 자들이 정치 세력화한 결과가 대안우파의 부상이었기 때문이다. 그동안 미국에서는 대안우파가 인터넷 공간에서 벌이는 온갖 트롤링, 과격하고 폭력적인 극우주의적 언동의 공해를 분석하기 위한 다양한 시도가 있었다. 그러한 시도들이 내놓은 분석은 대체로 살기가 힘들어지고 헤게모니에 균열이 일어나면서 발생한 병리적 현상 중 한 가지라든지, 진보와 보수의 기표를 독점한 양대 정당에서 호소력 있는 정치를 하는 데 실패해 앞뒤 가리지 않는 망동이 주목을 독점하게 되었다든지 하는 이야기로 요약할 수 있다. 저자는 여기에 그치지 않고 그러한 망동의 원천으로 깊숙이 들어갔다. 한국의 '일베'에 비견되는 포챈과 게이머게이트 같은 사이버 폭력의 현장이 그것이다.

저자가 사이버폭력의 현장 및 포챈과 여러 서브레딧을 탐구하면서 알아내고자 한 것은 이러한 인셀들, 즉 증오와 원한으로 가득한 남성 네티즌들이 대규모 온라인 문화전쟁에 동원되고 대안우파라는 하나의 새로운 정치 세력으로 결집하기까지의 논리와 경로라고 할 수 있다. 밈은 바로 이 논리와 경로에서 매우 중요한 역할을 했다. 밈은 오늘날 미국 청년들을 대안우파로 동원하는 기표다. 이 책에서는 마일로 이아노풀로스, 리처드 스펜서 등 다양한 대안우파 인물

인싸를 죽여라

이 거론되었지만 이들 개인이 정치 세력화를 주도했다기보다는 이러한 인물들이 밈으로 기능했다고 함이 정확할 것이다. 밈이라고 하면 가장 먼저 떠올리는 것이 '개구리 페페'일텐데, 네이글 역시 개구리 페페에 트럼프를 합성한 이미지와 오바마의 스텐실 초상화를 각각 2016년 트럼프 당선의 상징과 2008년 오바마 당선의 상징으로 상정하며 비교했다. 두 이미지의 기능은 동일하다. 바로 지지자 결집의 기표다. 밈은 뭐든지 될 수 있다. 고릴라 하람베와 개구리 페페에서 마일로 이아노풀로스, 산타바바라 총기난사 사건의 가해자 엘리엇 로저에 이르기까지 동물이건 캐릭터건 사람이건 밈은 대안우파를 움직여왔고, 이러한 밈의 변천은 이 책의 중요한 화두 중 하나다.

네이글이 '우파 그람시주의자들'이라 칭한 대안우파는 그 이름에 걸맞게 젊은 네티즌에게 익숙한 밈문화를 그들의 진지전에서 능숙하게 활용하며 극우적 메시지를 전파했다. 극우의 상징이 되어버린 밈들 중 대다수는 본래 정치적 메시지와는 아무런 관련이 없는 텍스트, 언설, 이미지였다는 사실을 상기해야 한다. 대표적인 예로 개구리 페페는 백수 친구들이랑 피자나 먹고 비디오게임을 즐기는 무해한 만화 캐릭터였지만 극우 성향의 청년들이 이 캐릭터의 이미지를 가지고 유희하기 시작하면서 자신들의 과격한 메시지로 물들인 것이 지금의 개구리 페페 밈이 되었다. 이 과정에서 만화의 원작자인 맷 퓨리의 의사 역시 전혀 영향을 미치지 못했다. 오히려 그는 자신이 애정하는 캐릭터가 '더럽혀진' 데 당황하고 절망하며 페페의 사망을 공표하는 결단을 내리기까지 했다.

　어떤 텍스트를 가지고 자기들 마음대로 유희하며 원저작자의 의도나 맥락과는 완벽히 무관하게 새로운 의미를 부여하고, 언어유희를 활용한 신조어와 은어들로 공론장의 언어는 물론 일상의 언어까지 극우적 메시지로 오염시키는 것은 한편으로 상황주의 전략들을 연상케 한다. 네이글은 오늘날 대안우파가 자신들의 반인륜적 망동들을 합리화하는 논리가 68혁명을 위시한 신좌파 운동에 기인한다고 지적한다. 요컨대 '권위에 저항해야 한다'는 당위에 지나치게 사로잡힌 채로 전복과 위반이라는 가치를 무분별하게 상찬해왔던 끝에, 권위가 해체된 뒤 생긴 빈자리를 무엇으로 채워야 하는지에 대한 고려를 전혀 하지 못했다는 것이다. 그 빈자리에 극우의 상징들이 비집고 들어가 준동하기 시작할 때는 이미 효과적인 대응책을 세울 시간이 부족했다. 대안우파가 신랄하게 비난하는 '인싸'의 의미에 '사회가 시키는 대로 잘 따르기만 하는 사람'이 포함되어 있다는 사실을 상기한다면, 대안우파는 스스로를 폭압적인 사회에 저항하는 레지스탕스쯤으로 여긴다는 것을 알 수 있다.

　한국에서도 미국과 크게 다르지 않은 사태가 벌어지고

있는 것으로 보인다. 예컨대 2010년 이래 한국 문화의 전반적인 분위기가 커다란 전환의 계기를 맞이했다고 보는데, 바로 권위주의에 반기를 드는 '반꼰대' 정서가 팽배해졌다는 점이다. 1990년대 이후 출생한 젊은이들이 사회로 진출하면서 일상문화와 직장문화를 가리지 않고 전방위적으로 종래의 권위적·위계적이고 경직된 문화에 대한 반성이 진행되었다. 이러한 문화적 단절은 '탈꼰대'라는 말로도 표현되며 새로운 시대의 개막을 알리는 것으로도 평가되곤 한다. 그러나 권위에의 저항이 지고의 선으로 상찬되는 분위기에서 그것의 속도 조절을 이야기하는 사람은 거의 없었다. 어떤 유명 연예인의 행실이나 대중문화 텍스트의 사회 재현, 젠더 재현 등이 전복적이냐 위반적이냐를 두고 평단에서 갑론을박이 벌어지는 동안, 일체의 사회적 규범, 주류의 문화적 규범 등에 대한 의심과 거부가 무조건적으로 '좋은 것'으로 기려지는 경향이 있었다. 그런데 정작 진정으로 전복적이고 위반적인, 그리고 카니발적인 문화정치학의 진지전을 벌인 주체가 다름 아닌 대안우파라는 네이글의 주장을 상기하면, 한국에서의 비슷한 사례를 떠올리게 된다. 바로 '일베'다.

한국 사회의 혁신을 위한 세대 교체의 중요성을 논하는 논문을 읽은 기억이 있다. 논문 말미에서 저자는 젊은 세대의 '남사스러운scandalous' 측면에 주목하자면서 일베를 거론하는데, 그 외견상의 비윤리성 뒤에 존재하는 "집단 내의 관계 강화와 리더의 출현을 의도적으로 억제하는 소통 규칙"✤을 찾아낸다. 이로부터 저자는 "반위계적 관계의 사회적 효용성"✤✤을 발견하고 그것을 기반으로 이뤄지는 반사회적 저항이 사회운동과 사회 혁신으로 확장될 가능성을 낙관한다. 이 같은 논지는 흔한 것은 아니고 다소 극단적인 사례일 것이다. 다만 문화 연구나 비교문학 연구 등에서 반위계성, 네트워크, 반순응 등을 상찬하던 연장선에 이러한 논지가 놓여 있다는 것은 부정하기 힘들다. 그래서 일베가 그 반위계적인 저항으로 무엇을 했는가? 온갖 이미지에 노무현 전 대통령을 합성하고, 세월호 참사 유가족 앞에서 폭식을 하고, 자살·지역주의·역사적 트라우마·패륜·학살 등에 관련한 경멸적 은어들을 대량으로 유포시켜 삼척동자의 입에도 오르내리게 만들었다. 또한 민주화나 홍어와 같이 일반적인 단어의 의미를 자기들 뜻대로 바꿔버리고 그 용례를 반복하며 유포함으로써 누군가 그 특정 단어를 말할 때면 항상 오해의 여지를 없애기 위한 한두 마디를 덧붙여야 하게 만들어버렸다. 말 그대로 언어를 오염시킨 것이다.

그런 가운데 한국에서는 온라인에 기반한 이른바 '제4물결 페미니즘'이 일고, '메갈' 이용자들이 '미러링'의 명목

✤ 이원재, 〈사회의 혁신과 세대의 역할〉,《사회적 가치와 사회 혁신》, 한울아카데미, 2020, 236쪽.
✤✤ 같은 책, 238쪽.

으로 일베의 언어를 전유하며 '급진적' 페미니즘 운동을 벌일 때, 리버럴 성향의 평단과 학계는 이에 대해 호의적인 태도나 방관으로 일관했다. 메갈의 과격한 언어와 실천들에 약간이라도 우려를 표하는 남성에게는 '기분 상한 남성'이라는 멸시의 딱지가 붙었다. 그러나 메갈의 일베 용어 전유 시도는 완벽히 실패했다고 평가해야 한다. 논자들의 축복 아래 이뤄진 미러링의 결과는 그 혐오적 밈들을 더 널리 전파했을 뿐이다. 메갈은 해체됐지만 과격함의 관성을 유지한 일부 '급진파'들은 그들 자신이 전유했던 용어와 밈에 물들면서 천천히 또 다른 혐오로 기울었다. 박근혜 복권 여론이 일어나는가 하면, 트랜스젠더 여성의 대학 입학을 '거부'하고, 전태일 열사를 비하하고, 5·18 광주민주화운동을 강남역 살인 사건이 일어난 5월 17일과 비교하며 '언제 적 5·18이냐'고 비아냥거렸다. 이에 따라 이들을 옹호했던 리버럴 평단의 책임론 또한 불거졌다. 저항·전복·위반 등에 대한 무분별한 옹호는 네이글이 지적하듯 '악마와의 거래'이며, 그의 말처럼 '트롤들을 트롤링'하는 건 비생산적이다. 우리는 분명 그 부작용을 목격했다.

한편, 미국에서 이 책에 제기된 몇 가지 비판들도 짚을 필요가 있어 보인다. 우선, 저자가 5장에서 전개한 논의에서 주디스 버틀러의 사상 및 젠더 수행성 개념에 대한 몰이해에 대한 지적이다. 이는 맞는 지적이긴 하지만, 내가 보기에는 지엽적인 문제이기도 하다. 왜냐하면 네이글은 버틀러 사상을 세속적으로 해석하는 데서 기인한 무한 증식의 정체성과 그러한 정체성을 액세서리 삼는 경향을 비판한 것이지, 버틀러의 사상을 겨냥한 것은 아니기 때문이다. 또 다른 지적으로는 네이글이 대안우파의 영향력을 과대평가했다는 것인데, 이는 절대적인 규모 면에서는 맞는 지적일 수 있지만 대안우파가 유머로 둔갑시킨 혐오의 밈을 온라인에 대량으로 유포하고, 그 밈들의 확산 범위와 속도, 그리고 여론에 미치는 영향력이 결코 얕잡아볼 수준이 아니라는 점에서 틀린 지적이기도 하다.

마지막으로 언급할 비판점은 젊은 대안우파의 끔찍한 망동들을 정체성 정치의 세속적 해석과 응용에 매몰된 일부 호기로운 대학생들의 탓으로 돌리는 것처럼 읽힐 수 있다는 것이다. 즉, 이른바 '텀블러 리버럴'의 정체성 정치 '때문에' 대안우파가 힘을 얻게 되었다는 논리로, 이것이 오히려 대안우파가 주장하는 메시지를 재생산할 위험이 있다는 지적이다. 그러나 여기서 우리가 보다 면밀하게 읽어야 할 지점은, 저자의 정체성 정치 비판이 그것을 방어적으로 활용하거나 실질적인 내용은 없이 액세서리로 활용하는 사례들을 겨냥하고 있다는 것이다. 이 책에서는 캠퍼스 정치가 주로 언급되지만 가령, 한 여성 정치인이 문제를 일으켜 세간의 비난을 받을 때 그 비난들에 여성혐오의 혐의를 씌워 논점을 흐리는 경우도 정체성 정치의 방어적 사례 중 한 가지 예로 들수 있을 것이다. 한편 한국에서 정체성 정치는 아직까지 대중에게 낯선 형식일 수 있지만 대부업체가 광고 모델로 드랙 아티스트를 기용하는 등 이제 한국에서도 이미지 세탁의 일환으로, 이른바 '깨어 있는 자본주의'의 징표로 정체성을 활용하는 사례가 나타나고 있으며 앞으로 더 많아질 것으로 예상된다. 이러한 현실을 고려한다면, 정체성만을 지고의 의제로 삼는 리버럴에 대한 비판은 반드시 필요한 것이기도 하다. 다만, 그럼에도 앤절라 네이글이 '텀블러 리버럴'을 비판하고자 다소 지엽적인 문제들을 (몇몇 사실관계는 누락하기까지 하면서) 체리피킹하여 그것을 '텀블러 리버럴' 정체성 정치 전체의 본질적인 문제로 환원하고 일반화한 지점이 있다는 것은 부정하기 어려워 보인다. 좌파 성향 연구자인 저자가 리버럴 진영을 강하게 비판하는 것은 이해 못 할 바 아니지만, 그 과정에서의 지나친 일반화와 과대 해석은 내부의 반성을 유도하기보다 문제의 원인을 내부로 돌림으로써 대안우파에 정당성을 부여해 결국은 그들의 코를 대신 풀어주는 격이 될 위험이 있다. 이에 대해서는 독자 또한 비판적으로 읽어주길 희망하며 가능한 한 역주로 사실관계를 보충하고자 했다.

이 책의 원서 《Kill All Normies》는 2017년에 출간되었다. 번역본이 출간된 2022년과는 5년이라는 시차가 있지만 그럼에도 지금 한국의 상황과 관련하여 시사하는 바가 아주 많은 책이다. 이 책은 청년 대안우파, 인셀, 베타메일 멘털리티 등 온라인과 오프라인을 넘나드는 극우와 혐오의 망동들의 기원을 면밀히 살펴볼 뿐만 아니라 그 반대 지점에서 리버럴 진영의 탈정치화 및 전복과 위반의 문화정치학에 대한 무분별한 수용, 그리고 반위계적 네트워크 정치에 대한 맹목적인 찬양의 역효과를 지적하면서 진보 정치의 뼈아픈 반성을 유도한다.

　　한국에서도 반페미니즘 세력인 신남성연대가 확장세를 보이고, '반페미 코인'을 노리는 유튜버들이 준동하며, 페미니스트 혹은 조금이라도 페미니즘적인 면모를 보이는 이에게 '남성 혐오'라는 언어도단을 휘두르는 집단괴롭힘이 두드러지고 있다. 여성혐오뿐만 아니라 난민 혐오, 이주민 혐오, 성소수자 혐오 등 차별과 배제의 문제가 앞으로 더욱 악화일변도로 흘러갈 가능성도 보인다. 총기난사만 없을 뿐 현재 도처에서 목격할 수 있는 혐오와 범죄와 퇴행은 이 책에 나열된 망동들에 전혀 뒤지지 않는다. 현재 한국 정치가 당면한 가장 큰 문제 중 하나는 '이대남(이십 대 남성) 현상'으로 지칭되는 젊은 남성들의 반페미니즘과 과격화다. 이 책은 그 문제를 이해하고 대응하는 데 매우 유익한 참고가 될 수 있으리라 생각한다.

2022년 2월　김내훈

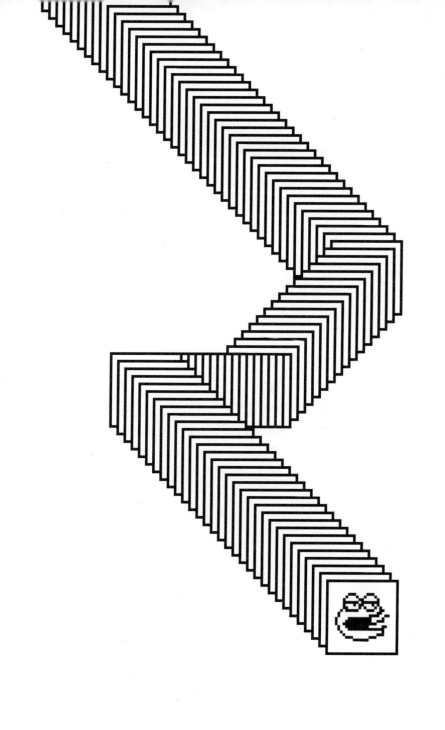

인싸를 죽여라

초판 1쇄 펴낸날 2022년 2월 21일
초판 3쇄 펴낸날 2024년 11월 20일
지은이 앤절라 네이글
옮긴이 김내훈
펴낸이 박재영
편집 임세현·이다연
마케팅 신연경
디자인 조하늘
제작 제이오
펴낸곳 도서출판 오월의봄
주소 경기도 파주시 회동길 363-15 201호
등록 제406-2010-000111호
전화 070-7704-5240
팩스 0505-300-0518
이메일 maybook05@naver.com
X(트위터) @oohbom
블로그 blog.naver.com/maybook05
페이스북 facebook.com/maybook05
인스타그램 instagram.com/maybooks_05

ISBN 979-11-6873-005-2 03300

만든 사람들
책임편집 이다연
디자인 조하늘